Tout Ensemble

Akiko Yokokawa
Tami Nodaira

HAKUSUISHA

──── 音声ダウンロード ────

この教科書の音源は白水社ホームページ（ｗｗｗ．hakusuisha.co.jp/download）からダウンロードすることができます（お問い合わせ先：text@hakusuisha.co.jp）。

本文デザイン　　：株式会社エディポック
装丁　　　　　　：古屋真樹（志岐デザイン事務所）
イラスト　　　　：瀬川尚志
音声ナレーション：Christine Robein Sato　Tristan Brunet

はじめに

　本書は初めてフランス語にふれるみなさんが、親しみやすい会話文を通じて初級文法を学習し、さらに、実践的な表現や語彙を学んで基本的なコミュニケーション力をつけることを目的とした教科書です。

　会話文の主人公は、パリに留学中の音大生ミコこと小川美子。そこに友人のケン、パリで知り合ったフランス人のPaul Durand、ミコの先生のJacques Laurentが加わり、フランスで音楽の勉強をするミコの物語が繰り広げられます。

　このように会話文が音楽にかかわる内容であることから、本書には、フランスにおけるクラシック音楽事情をテーマとしたコラムを掲載しました。また、日仏の音楽教育に長く携わる音楽家からのアドバイスや経験談を紹介するコーナーを設け、巻末には音楽用語リストをつけました。音楽を勉強中、あるいは音楽に興味を持っているかたはもちろん、そうでないみなさんにとっても、フランス語学習の楽しく有益な幕間のひとときになることを願っています。

　この教科書は全体で14課です。各課は4ページからなり、以下の内容で構成されています。また、巻末には補足の文法事項を補遺として掲載しています。

Dialogue 　各課で学ぶ文法や表現を盛り込んだ会話文です。音声をよく聞いて、声に出して練習しましょう。日常会話で使える実践的な表現も多く出てきます。

Grammaire 　各課で学ぶ文法事項です。例文と合わせて覚えることで理解が深まります。

Vocabulaire et Expressions 　Dialogueに関連して覚えておきたい単語や表現をまとめています。次のActivitésの準備にもなります。

Activités 　主にペアになって、覚えた文法や表現を使って短い会話に挑戦します。

Exercices 　文法事項を定着させるための練習問題です。

Dictée 　音声を聞いて空欄の語を書きとる問題です。音声はふつうの速さとゆっくりめの2回、読まれます。

　それでは、パリで頑張るミコとともに、充実したフランス語の時間をお過ごし下さい。

　最後に、こころよくインタビューに応じて下さった音楽家のみなさま、本書の完成のためにご尽力いただいたみなさまに、この場を借りて心よりお礼申し上げます。

著者一同

[目次]

フランス語の文字と発音

① アルファベ alphabet

音声 001

A a [a]	B b [be]	C c [se]	D d [de]	E e [ə]	F f [εf]	G g [ʒe]
H h [aʃ]	I i [i]	J j [ʒi]	K k [ka]	L l [εl]	M m [εm]	N n [εn]
O o [o]	P p [pe]	Q q [ky]	R r [εr]	S s [εs]	T t [te]	U u [y]
V v [ve]	W w [dubləve]		X x [iks]	Y y [igrεk]	Z z [zεd]	

🎼 Exercices 🎵

1. 次の略語を発音しましょう。

音声 002

1) CD　　2) DVD　　3) TGV　　4) RER
5) SNCF　　6) CNSM　　7) NHK　　8) JR

2. 名前のつづりを言いましょう。

音声 003

1) PAUL DURAND　　2) MIKO OGAWA　　3) 自分の名前

② つづり字記号等

アクサン・テギュ	(accent aigu)	é
アクサン・グラーヴ	(accent grave)	à è ù
アクサン・シルコンフレックス	(accent circonflexe)	â ê î ô û
セディーユ	(cédille)	ç
トレマ	(tréma)	ë ï ü
アポストロフ	(apostrophe)	j'ai
トレ・デュニオン	(trait d'union)	est-il
合字		œ
ポワン	(point)	.
ヴィルギュル	(virgule)	,
疑問符	(point d'interrogation)	?
感嘆符	(point d'exclamation)	!

3 つづり字と発音

①単母音字

⬇ 音声 004

a, à, â	[a] [ɑ]	place là âge
i, î, y	[i]	ici dîner style
o, ô	[o] [ɔ]	mot hôtel
u, û	[y]	salut sûr
e（語末）	[無音]	salle vie
e（音節末）	[ə]	petit leçon
e（その他）	[e] [ɛ]	merci et
é	[e]	étudiant café
è, ê	[ɛ]	très être

②複母音字

⬇ 音声 005

ai, ei	[e] [ɛ]	mais parfait seize
au, eau	[o] [ɔ]	eau sauce
ou, où	[u]	cours vous
oi	[wa]	toi joie
eu, œu	[ø] [œ]	bleu sœur

③鼻母音

⬇ 音声 006

an, am, en, em	[ã]	chant ensemble
in, im, yn, ym	[ɛ̃]	important sympa
ain, aim	[ɛ̃]	train faim
un, um	[ɛ̃] [œ̃]	lundi parfum
on, om	[ɔ̃]	bonjour nom

④子音字

⬇ 音声 007

c	[k]	carte concert
c + e, i, y	[s]	ceci cycle
ç	[s]	ça leçon
g	[g]	magasin
gu + e, i, y	[g]	langue
g + e, i, y	[ʒ]	rouge gibier
h	[無音]	hôtel huit
s（母音字間）	[z]	maison cuisine
s	[s]	aussi son

ch	[ʃ]	chance marche	
gn	[ɲ]	signe champagne	
ph	[f]	photo téléphone	
qu	[k]	musique qui	
th	[t]	thé gothique	
ill／母音字＋il	[j]	fille travail soleil	
ill（例外）	[il]	ville mille	

⑤半母音

音声 008

i＋母音字	[j]	piano violon
u＋母音字	[ɥ]	lui nuit
ou＋母音字	[w]	oui doué

⑥語末の子音字

音声 009

語末の子音字は原則として発音しません。

　petit　Paris

ただし c, f, l, r は発音することが多いです。

　sac　neuf　final　mer

🎼 Exercices ♪

次の語を発音してみましょう。

音声 010

1）nature　　2）type　　3）crêpe　　4）cousin　　5）instrument
6）garçon　　7）chocolat　　8）qualité　　9）campagne　　10）histoire

4 リエゾン、アンシェヌマン、エリジョン

①リエゾン（liaison）

音声 011

発音しない語末の子音字のあとに母音字または無音のhで始まる語が続くとき、本来発音しない子音と次の語の母音をつなげて発音することをリエゾンといいます。

les‿étudiants　　　nous‿avons　　　ces‿hommes

②アンシェヌマン（enchaînement）

音声 012

発音する語末の子音字のあとに母音字または無音のhで始まる語が続くとき、語末の子音と次の語の母音をつなげて発音することをアンシェヌマンといいます。

il‿est　　　avec‿elle

③エリジョン（élision）

音声 013

je, ce, de, le, la, ne, que, me, te, se などの語のあとに母音字または無音のhで始まる語が続くとき、語末の母音字を省き、アポストロフをつけて次の語とつなげることをエリジョンといいます。

je + ai ➡ j'ai　　　ce + est ➡ c'est　　　le + hôtel ➡ l'hôtel

5 無音のhと有音のh

音声 014

hは常に発音しませんが、無音のhと有音のhの2種類があり、辞書では有音のhに［†］［*］などの記号がついています。無音のhで始まる語は母音で始まる語として扱い、リエゾンやエリジョンなどの対象となります。有音のhで始まる語は子音で始まる語として扱います。

hôtel（無音のh）　➡　l'hôtel
†héros（有音のh）➡　le héros

Je m'appelle Miko.

🎼 **Dialogue** ♪

音楽の勉強をするためにパリにやってきたミコは、カフェでポールと初対面のあいさつをします。

🔽 音声
015

Paul ： Bonjour.

Miko ： Bonjour.

Paul ： Je m'appelle Paul, Paul Durand. Et vous ?

Miko ： Je m'appelle Miko Ogawa.

Paul ： Vous êtes japonaise ?

Miko ： Oui, je suis japonaise. Je suis de Tokyo.

Paul ： Moi, je suis français. Je suis de Paris. Enchanté.

Miko ： Enchantée.

♪ Grammaire ♪

1 主語人称代名詞

🔽 音声 016

	単数	複数
1人称	je	nous
2人称	tu	vous
3人称　男性	il	ils
女性	elle	elles

　2人称単数のtuは親しい間柄で用います。目上の人には単数でもvousを用いましょう。

2 動詞êtreの直説法現在の活用

🔽 音声 017

être	
je suis	nous sommes
tu es	vous‿êtes
il⌢est	ils sont
elle⌢est	elles sont

※ ⌢はアンシェヌマン、‿はリエゾン

3 国籍を表す形容詞

🔽 音声 018

	男性形	女性形
単数形	allemand	allemande
複数形	allemands	allemandes

　男性単数形が基本で、eをつけると女性形、sをつけると複数形になります。
　単数形の最後にsがついている語はそのまま複数形となり、男性形の最後にeがついている語はそのまま女性形になります。

　　français（単数）➡ français（複数）　　belge（男性）➡ belge（女性）

女性形の作り方には例外もあります。

　　italien（男性）➡ italienne（女性）

11

♪ Vocabulaire et Expressions ♪

1 国籍

japonais / japonaise   français / française

allemand / allemande   américain / américaine

anglais / anglaise   belge / belge   italien / italienne

chinois / chinoise   coréen / coréenne

2 あいさつと基本の会話表現

出会ったときのあいさつ	bonjour bonsoir salut
別れのあいさつ	au revoir salut bonne nuit
初対面のあいさつ	enchanté(e)
自己紹介をする	Je m'appelle ~. Je suis de (d'*) ~.
返事をする	oui / non
尋ねる	Et vous ? / Et toi ?

* 母音もしくは無音のh で始まる語の前では d' になります。

♪ Activités ♪

以下の人物になってDialogueと同じ会話をしましょう。

1） Ken Miyoshi（ japonais, Osaka ）
2） Sophie Durand（ française, Paris ）
3） Lili Wang（ chinoise, Pékin ）
4） あなた自身

1．動詞 être の直説法現在の活用形を書き入れましょう。

1）Je ＿＿＿＿＿＿ français.

2）Nous ＿＿＿＿＿＿ chinois.

3）Paul ＿＿＿＿＿＿ de Paris.

4）Miko et Ken ＿＿＿＿＿＿ japonais.

2．主語を変えて文を書きかえましょう。

1）Tu es français ?　　　　Vous ＿＿＿＿＿＿＿＿＿＿＿＿＿＿＿＿ ?

2）Nous sommes américains.　Je ＿＿＿＿＿＿＿＿＿＿＿＿＿＿＿＿ .

3）Il est coréen ?　　　　Elle ＿＿＿＿＿＿＿＿＿＿＿＿＿＿＿＿ ?

4）Elle est italienne.　　　Ils ＿＿＿＿＿＿＿＿＿＿＿＿＿＿＿＿ .

3．フランス語にしましょう。

1）ミコは日本人です。東京の出身です。

➡ ＿＿＿＿＿＿＿＿＿＿＿＿＿＿＿＿＿＿＿＿＿＿＿＿＿＿＿＿＿＿

2）あなたがたはフランス人ですか？ ― いいえ、ぼくたちはベルギー人です。

➡ ＿＿＿＿＿＿＿＿＿＿＿＿＿＿＿＿＿＿＿＿＿＿＿＿＿＿＿＿＿＿

♪ **Dictée** ♪

音声を聞いて、聞き取った単語を書き入れましょう。　🔽 音声 021

1）＿＿＿＿＿＿＿＿ . Je ＿＿＿＿＿ Marie Franck . ＿＿ ＿＿ ＿＿ .

2）Paul et Sophie ? ＿＿ ＿＿ ＿＿＿ .

3）Tu ＿＿＿ italienne ? ― ＿＿ . ＿＿＿ ＿＿＿ ?

4）Moi, ＿＿ ＿＿＿ ＿＿＿＿ .

Je suis étudiante.

🎼 Dialogue 🎵

ミコとポールはお互いの仕事や持ち物について話をします。

⬇️ 音声 022

Paul ： Qu'est-ce que c'est ?

Miko ： C'est un instrument. C'est une clarinette.

Paul ： Ah, vous êtes musicienne ?

Miko ： Oui, je suis clarinettiste. Je suis étudiante en musique.
Et vous ?

Paul ： Moi, je suis photographe.

Miko ： Alors c'est un appareil-photo, n'est-ce pas ?

Paul ： Tout à fait. Attention, il est lourd !

Miko ： C'est vrai ! Il est très lourd.

Paul ： Et ça, ce sont des partitions ?

Miko ： Oui. Voici le concerto de Mozart pour clarinette.

Paul ： Ah, c'est un concerto magnifique !

♪ Grammaire ♪

1 名詞の性と数

音声 023

フランス語の名詞はすべて男性名詞または女性名詞に分かれます。

男性名詞 (*m.*)	homme	livre	citron	violon	cinéma
女性名詞 (*f.*)	femme	chaise	pomme	clarinette	musique

国籍や職業をあらわす単語は男性形から女性形をつくります。原則として男性形にeをつけると女性形になりますが、語末がeで終わる語は変化しません。また、例外もあります。

Français（男性） ➡ Française（女性）　　　étudiant（男性）➡ étudiante（女性）

photographe（男性） ➡ photographe（女性）

［例外］musicien（男性）➡ musicienne（女性）

名詞は原則としてsをつけると複数形になります。このsは発音しません。語末がsで終わる語は変化しません。

homme（単数） ➡ hommes（複数）　　　chaise（単数）➡ chaises（複数）

mois（単数） ➡ mois（複数）

2 形容詞の性と数

音声 024

フランス語の形容詞は修飾する名詞の性と数に合わせて形が変わります。名詞と同じように、原則としてeをつけると女性形、sをつけると複数形になりますが、例外や特殊なものもあります。

Il est lourd.　　　Ils sont lourds.　　　Elle est lourde.　　　Elles sont lourdes.

jeune（男性） ➡ jeune（女性）　　　gros（単数）➡ gros（複数）

heureux（男性） ➡ heureuse（女性）

＊名詞・形容詞の特殊な女性形、複数形は補遺を参照。

3 不定冠詞と定冠詞

音声 025

	男性単数	女性単数	複数
不定冠詞	un	une	des
定冠詞	le (l')	la (l')	les

不定冠詞は不特定の数えられる名詞につけ、「あるひとつの〜」「いくつかの〜」という意味になります。定冠詞は特定される名詞や総称につけ、「その〜」「〜というもの」という意味になります。

un livre / le livre de Ken　　　une pomme / les pommes

leとlaは母音または無音のhで始まる語の前ではl'になります。

l'opéra　　　l'histoire

15

1 職業

音声 026

étudiant / étudiante	pianiste
professeur	violoniste
médecin	acteur / actrice
élève	directeur / directrice
journaliste	chanteur / chanteuse
photographe	musicien / musicienne

2 人や物を提示する

音声 027

● C'est ~ / Ce sont ~ これは～です／これらは～です

　　C'est un étudiant.

　　Ce sont les livres de Paul.

● Voici ~ / Voilà ~ ほらこれは～です／ほらあれは～です

　　Voici une clarinette.

　　Voilà Ken, un ami de Miko.

3 物を尋ねる

音声 028

● Qu'est-ce que c'est ?

尋ねたいものが単数でも複数でも同じ形です。

　　Qu'est-ce que c'est ?

　　— C'est la clarinette de Miko. / Ce sont des chaises.

♪ **Activités** ♪

質問に対して 1)～ 4)で答えてみましょう。

● Qu'est-ce que c'est ?

　1) un violon

　2) l'appareil-photo de Paul

　3) des CD

　4) あなたが持っているもの

１．適切な不定冠詞を入れましょう。

1）_____ livre　　　2）_____ clarinette　　　3）_____ étudiants

4）_____ photos　　5）_____ concert　　　　6）_____ ami

２．適切な定冠詞を入れましょう。

1）_____ café　　　2）_____ musique　　　3）_____ hôtel

4）_____ chaises　　5）_____ histoires　　6）_____ école

３．例にならって下線部が単数形の場合は複数形に、複数形の場合は単数形に書きかえましょう。

例：C'est un livre.　　　　　➡ Ce sont des livres.

1）C'est un ami.　　　　　　➡ _____

2）Ce sont les enfants de Marie.　➡ _____

3）C'est la partition de Miko.　　➡ _____

4）Ce sont des instruments.　　➡ _____

４．主語を変えて文を書きかえましょう。

1）Elle est musicienne.　　　　Elles _____ .

2）Nous sommes professeurs.　　Je _____ .

3）Vous êtes violonistes ?　　　Tu _____ ?

4）Je suis chanteur.　　　　　Elle _____ .

♪ **Dictée** ♪

音声を聞いて、聞き取った単語を書き入れましょう。　　　　　　　　🔽 音声 029

1）Madame Franck _____ _____ .

2）Ce sont _____ _____ . _____ _____ _____ _____ de Monsieur Laurent.

3）_____ _____ _____ .

4）Qu'est-ce que c'est ? — _____ _____ de Ken.

Est-ce que tu as des amis français ?

🎼 Dialogue 🎵

ミコとポールが音楽院の近くを歩いていると、ケンが通りかかります。

⬇️ 音声 030

Paul : Est-ce que tu as des amis français à Paris ?

Miko : Non, pas encore. J'ai quelques amis japonais ici, c'est tout.

Ah, voilà, un ami japonais à Paris !

Ken : Salut, Miko !

Miko : Salut, Ken ! Paul, c'est Ken. Il est violoniste. Nous sommes dans

le même cours.

Paul : Bonjour, Ken. C'est Paul. Je suis photographe.

Ken : Photographe ? C'est super ! Justement j'ai besoin d'une photo

de portrait pour le concert. Mais j'ai un cours maintenant. À

tout à l'heure !

Paul : À tout à l'heure ! Miko, toi, tu n'as pas de cours aujourd'hui ?

Miko : Si, j'ai deux cours aujourd'hui.

♪ Grammaire ♪

音声 031

1 動詞 avoir の直説法現在の活用

avoir	
j'ai *	nous‿avons
tu as	vous‿avez
il‿a	ils‿ont
elle‿a	elles‿ont

＊ je のあとに母音または無音の h で始まる動詞が続くと j' となります。

J'ai un livre.   Tu as des frères ?   Nous avons besoin d'une chaise.

2 疑問文の作り方

音声 032

①イントネーションによる

Vous êtes japonais ?   Il a des amis ?

②文頭に Est-ce que（qu'）をつける

Est-ce que vous êtes japonais ?   Est-ce qu'il a des amis ?

③主語と動詞を倒置する

Êtes-vous japonais ?   A-t-il des amis ?

＊主語が3人称で動詞が母音字で終わる場合は t を入れます。
＊主語が名詞の場合は主語を文頭に置き、代名詞と動詞を倒置します。 Paul a-t-il des amis ?

3 否定文の作り方

音声 033

動詞を ne（n'）と pas ではさみます。

Je suis français.   ➡ Je ne suis pas français.
C'est le violon de Ken. ➡ Ce n'est pas le violon de Ken.

直接目的語につく不定冠詞は、否定文中で de（d'）になります。

Il a un cours.   ➡ Il n'a pas de cours.

4 疑問文への答え方

音声 034

●肯定疑問文　Vous êtes japonaise ?

— Oui, je suis japonaise.
— Non, je ne suis pas japonaise.

●否定疑問文　Vous n'êtes pas japonaise ?

— Si, je suis japonaise.
— Non, je ne suis pas japonaise.

♪ Vocabulaire et Expressions ♪

1 別れぎわのあいさつ 音声 035

À tout à l'heure.　　　À demain.　　　　　À bientôt.

À la prochaine fois.　　À la semaine prochaine.　　À lundi.

2 時に関する表現 音声 036

hier　　aujourd'hui　　demain

matin　　midi　　après-midi　　soir　　nuit　　minuit

maintenant　　tout de suite　　tout à l'heure

3 il y a ＋名詞の表現 音声 037

「〜があります」「〜がいます」。名詞が単数でも複数でも同じ形です。

Il y a un sac.　　　Il y a des sacs.

Il y a une femme.　　Il y a des femmes.

4 数詞 1 〜 10 音声 038

1	2	3	4	5
un / une	deux	trois	quatre	cinq
6	7	8	9	10
six	sept	huit	neuf	dix

Il y a quatre symphonies de Brahms.

発音に注意：un‿ami　　deux‿euros　　neuf ans

♪ Activités ♪

以下の相手に別れぎわのあいさつをしましょう。

1）毎日会っている知人に
2）放課後待ち合わせをしている友人に
3）授業が終わったあと先生に
4）あなたの隣にいる友人に

20

1．動詞 avoir の直説法現在の活用形を書き入れましょう。

1）Il ＿＿＿＿＿＿ un cours aujourd'hui.

2）Vous ＿＿＿＿＿＿ une photo de portrait ?

3）J'＿＿＿＿＿＿ des pommes.

4）Nous ＿＿＿＿＿＿ une amie française.

2．次の文を ①Est-ce que をつけた疑問文と②倒置の疑問文に書きかえましょう。

1）Vous êtes allemand ?　　① ＿＿＿＿＿＿＿＿＿＿＿＿＿＿＿＿＿

② ＿＿＿＿＿＿＿＿＿＿＿＿＿＿＿＿＿

2）Elle a des amis français ?　① ＿＿＿＿＿＿＿＿＿＿＿＿＿＿＿＿＿

② ＿＿＿＿＿＿＿＿＿＿＿＿＿＿＿＿＿

3．次の文を否定形にしましょう。

1）Nous sommes japonais.　　＿＿＿＿＿＿＿＿＿＿＿＿＿＿＿＿＿

2）Il est photographe.　　　　＿＿＿＿＿＿＿＿＿＿＿＿＿＿＿＿＿

3）J'ai un cours.　　　　　　＿＿＿＿＿＿＿＿＿＿＿＿＿＿＿＿＿

4）Ce sont les partitions de Miko.　＿＿＿＿＿＿＿＿＿＿＿＿＿＿＿＿＿

4．次の質問に①肯定と②否定で答えましょう。

1）Il a des amis ?　　　　　① ＿＿＿＿＿＿＿＿＿＿＿＿＿＿＿＿＿

② ＿＿＿＿＿＿＿＿＿＿＿＿＿＿＿＿＿

2）Tu n'es pas musicien ?　　① ＿＿＿＿＿＿＿＿＿＿＿＿＿＿＿＿＿

② ＿＿＿＿＿＿＿＿＿＿＿＿＿＿＿＿＿

♪ **Dictée** ♪

音声を聞いて、聞き取った単語を書き入れましょう。 音声 039

1）Ken, ＿＿＿ ＿＿＿ ＿＿＿＿ cours ＿＿＿＿＿＿ .

2）＿＿＿＿ , Miko. ＿＿＿ ＿＿＿＿＿ ＿＿＿ ＿＿＿＿＿＿ !

3）＿＿＿＿ - ＿＿＿ ＿＿＿ ＿＿＿ japonais ?　– Non, ＿＿＿ ＿＿＿＿ ＿＿＿＿ japonais.

4）＿＿＿ ＿＿ ＿＿ ＿＿＿＿ symphonies de Beethoven.

フランスの音楽専門教育

フランスの音楽専門教育は、コンセルヴァトワール Conservatoire と呼ばれる教育機関で多くおこなわれています。通常「音楽院」と訳されるコンセルヴァトワールはフランス各都市・地域にありますが、2000年代に入って諸改革がおこなわれ、現在では管轄する行政機関にしたがって、「国立」「地方圏立」「県立」「市立(区立)」に区分されるようになりました。

「国立」の音楽院は「国立高等音楽院 Conservatoire national supérieur de musique (CNSM)」の名称を持ち、フランス全土に2つ、パリとリヨンにあります。国内外で活躍するプロフェッショナルな音楽家養成の目的を担い、すべての音楽院のいわば頂点に位置します。

とりわけ「パリ国立高等・舞踊音楽院 Conservatoire national supérieur de musique et de danse de Paris (CNSMDP, CNSM de Paris)」は長い歴史と伝統をもち、グランゼコールと並び称される少数精鋭の教育機関として著名な音楽家を輩出してきました。専攻別に入学の年齢制限があり、特にピアノやヴァイオリン科は年齢が低いのが特徴です。授業は9月から開始されますが、入試の準備は前年から始まり、春先に試

パリ国立高等音楽院

験がおこなわれます。かつては卒業演奏でプルミエ・プリ Premier prix またはスゴン・プリ Second Prix を取らなければ卒業生として認められませんでしたが、近年の改革に伴って教育システムを一般の大学に近づけ、Très bien, Bien 等の成績評価を与え、学士や修士に相当するディプロムの取得が可能になりました。創設時の9区の校舎は8区のマドリッド通りを経て、1990年に19区のヴィレット地区に移転しました。

パリの音楽院ということで混同されがちなのが「パリ地方圏立音楽院 Conservatoire à rayonnement régional de Paris (CRR de Paris)」です。かつては国立の学校で、「パリ国立地方音楽院」という名称でしたが、現在は地方圏立となり、「パリ地方音楽院」と呼ばれることが多いようです。フランス全土にある40以上の地方圏立音楽院のトップに位置する地方音楽院で、8区のCNSM旧校舎を改装して新校舎としました。

パリ地方音楽院

パリそしてフランスには上記の音楽院以外にさまざまなレベルの音楽院があり、地域の子供たちあるいは地域外の人々にも専門的な音楽教育を受ける機会を与えていますが、いずれ

も「公立」の学校なので、授業料は基本的に無償に近いものになっています。

パリには音楽専門教育機関として、私立の「エ
コール・ノルマル École normale de musique
de Paris（Alfred Cortot）」、「パリ・スコラカン
トルム Schola Cantrum」などもあります。前
者は1919年に当時のパリ国立高等音楽院の教育
方針に対抗して創設されました。現在では、フ
ランス内外の著名な音楽家が講師をつとめ、フ
ランス人と共に多くの留学生が学んでいます。

音楽院でのレッスン風景（撮影協力：県立ムードン音楽
院 Olivier Pierre-Vergnaud氏）

[entretien ♬インタビュー]

ジェラール・プーレ氏　Gérard Poulet（violon）

フランスが誇る世界的ヴァイオリニスト。
教育者としても知られ、日本のヴァイオリン界への貢献も大きい。

　日本人の学生は、かつてはすぐに日本人だとわかる同じようなタイプの人が多かっ
たけれど、今の若い人はそれぞれに個性があって、国籍は関係ない感じがします。
でも、日本人がとても礼儀正しいのは今も昔も変わらないですね。フランス語につ
いては、留学してすぐの頃は少し大変ですが、まじめなのですぐに上達して、意思
疎通に苦労することはあまりありません。

2人称の使い方：私は生徒にtuで話をしますが、私にはvousを使うように言いま
　す。先生と生徒は立場が違いますから。生徒がどんなに偉くなってもそれは変わ
　りません。私自身も、師事したヘンリク・シェリング先生にはずっとMaîtreを
　使って最上級の敬語で話をしていました。でもあるとき、もう少し親しくしてほ
　しくて、「Henri（Henrykのフランス語読み）と呼ばせてほしい」とお願いしたら、
　少し考えてから了解してくれました。もちろんvouvoyerのままですが。

レッスン代の渡し方：日本人は丁寧すぎて、無記名の封筒に入れてそっと置いてい
　くこともありますが、Je vous dois combien ?（いくらですか？）と聞いてか
　ら封筒に入れるほうが、間違いがなくていいと思います。名前を書くときは、漢
　字ではなくローマ字でお願いします！

Vous allez bien ?

🎼 Dialogue ♪

ミコは音楽院でレッスンを受けています。

⬇ 音声
040

Miko : Bonjour, Monsieur Laurent.

M. Laurent : Bonjour, Mademoiselle Ogawa. Vous allez bien ?

Miko : Oui, je vais bien, merci. Et vous ?

M. Laurent : Très bien, merci. Alors vous êtes bien installée à Paris ?

Miko : Oui, je finis les formalités nécessaires bientôt. Mais j'ai un petit problème. Je cherche un magasin de musique pour régler l'instrument.

M. Laurent : Ah, c'est important. Il y a un bon magasin à Paris. Un moment, s'il vous plaît... Voici l'adresse.

Miko : Je vous remercie, monsieur.

M. Laurent : Je vous en prie, mademoiselle. Bon. On commence ?

♭ **Grammaire** ♪

1 第1群規則動詞（er 動詞）の直説法現在の活用

音声 041

parler	
je parle	nous parlons
tu parles	vous parlez
il parle	ils parlent
elle parle	elles parlent

habiter	
j'habite	nous‿habitons
tu habites	vous‿habitez
il‿habite	ils‿habitent
elle‿habite	elles‿habitent

　規則動詞は主語が変わっても変化しない部分（語幹）と、主語に応じて変化する部分（語尾）の組み合わせで活用します。すべての第1群規則動詞の語尾は共通です。

　第1群規則動詞の語幹は不定詞から er を除いた部分です。

parler ➡ parl　　　habiter ➡ habit

Je parle français.　　Elle habite à Paris.

2 第2群規則動詞（ir 動詞）の直説法現在の活用

音声 042

finir	
je finis	nous finissons
tu finis	vous finissez
il finit	ils finissent
elle finit	elles finissent

choisir	
je choisis	nous choisissons
tu choisis	vous choisissez
il choisit	ils choisissent
elle choisit	elles choisissent

語尾はすべての第2群規則動詞に共通です。

第2群規則動詞の語幹は不定詞から ir を除いた部分です。

finir ➡ fin　　choisir ➡ chois

Nous finissons le cours.　　Je choisis un magasin.

3 形容詞の位置

音声 043

　形容詞は名詞の後に置きます。ただし、以下のような日常よく使う短い形容詞は名詞の前に置きます。

petit　grand　bon　mauvais　jeune　vieux　beau　joli

複数名詞の前に形容詞が置かれている場合、不定冠詞の des は de（d'）になります。

des magasins ➡ de bons magasins

🎼 Vocabulaire et Expressions ♪

1 あいさつとお礼の表現

音声
044

丁寧なあいさつ	Comment allez-vous ?　− Je vais bien, merci. Et vous ?
調子を尋ねる	Ça va ?　−Ça va bien. Et toi ?　　　− Très bien.
お願いする	S'il vous plaît.　　Pardon.
呼びかけ	Pardon, Monsieur. / Madame. / Mademoiselle.
お礼	Merci.　　Je vous remercie.
どうしたしまして	Je vous en prie.　　Il n'y a pas de quoi. Pas de quoi.　　C'est rien.

2 男性第2形をもつ形容詞

音声
045

母音または無音のhで始まる男性単数名詞には、形容詞は男性単数第2形をつけます。

男性単数		女性単数	男性複数	女性複数
第1形	第2形			
beau	bel	belle	beaux	belles
nouveau	nouvel	nouvelle	nouveaux	nouvelles
vieux	vieil	vieille	vieux	vieilles

un beau garçon　　un bel arbre　　une belle robe　　de beaux arbres

3 主語人称代名詞のon

音声
046

onは不特定の人をあらわす不定代名詞（3人称単数）ですが、会話ではしばしばnousの代わりに用いられます。

「人々は（一般に）」　On est gentil à Osaka.

「誰かが」　　　　　On cherche Paul.

「私たちは」　　　　On parle français. = Nous parlons français.

🎼 Activités ♪

次の文に対する返事を考えて、ペアで会話しましょう。

1）Comment allez-vous ?

2）Ça va ?

3）Merci !

4）Je vous remercie Monsieur / Mademoiselle / Madame.

26

1．(　　　)の動詞の直説法現在の活用形を書き入れて文を完成させましょう。

1）Il _____ anglais et japonais.（parler）

2）Tu _____ un magasin de musique ?（chercher）

3）Nous _____ à Tokyo.（habiter）

4）J'_____ la musique.（aimer）

5）Vous _____ le cours maintenant ?（finir）

6）Elle _____ le concerto de Mozart.（choisir）

2．下線部を(　　　)の語に変えて文を書きかえましょう。

1）Voilà un beau jardin.（arbre）_____

2）C'est une bonne étudiante.（musicien）_____

3）C'est un beau chanteur !（actrice）_____

4）Elles sont vieilles.（Ils）_____

3．例にならって(　　　)の形容詞を適切な位置に入れ、文を書きかえましょう。

例：J'ai un sac.（grand）　　　➡ J'ai un grand sac.

1）Elle a un problème.（petit）➡ _____

2）C'est une symphonie.（magnifique）➡ _____

3）Je cherche des robes.（belles）➡ _____

4）Il y a un concert.（intéressant）➡ _____

♪ **Dictée** ♪

音声を聞いて、聞き取った単語を書き入れましょう。　　　　⬇ 音声 047

1）_____ , Mademoiselle, _____ _____ français ?

2）_____ _____ _____ _____ magasins de musique.

3）_____ _____ à Paris ?

4）_____ _____ le cours ?

Il est comment, ton prof ?

 Dialogue ♪

ミコとポールとケンは食事をしながら先生について話をしています。

🔽 音声 048

Paul ： Miko, il est comment, ton prof ?

Miko ： Il est gentil, et pour la musique, il est sérieux.

Ken ： Madame Franck, mon professeur, elle est allemande. Elle est sympa, mais très sévère pendant le cours.

Miko ： J'adore Madame Franck. C'est une musicienne magnifique. Je veux assister à son cours un jour.

Paul ： Elle parle quelles langues avec toi ?

Ken ： Français et anglais. Elle parle plutôt anglais pour expliquer des choses compliquées.

Miko ： Combien de* langues elle peut parler ?

Ken ： Allemand, français, anglais, italien, espagnol...cinq ou six ? Enfin beaucoup.

*combien de ～ 「いくつの～？」: Leçon 6参照

♪ Grammaire ♪

音声 049

1 動詞 vouloir, pouvoir の直説法現在の活用

vouloir		pouvoir	
je veux	nous voulons	je peux	nous pouvons
tu veux	vous voulez	tu peux	vous pouvez
il veut	ils veulent	il peut	ils peuvent
elle veut	elles veulent	elle peut	elles peuvent

Tu veux un café ?   Elle veut téléphoner à Paul.

Je peux parler français et anglais.

2 所有形容詞

音声 050

	男性単数	女性単数	複数
je	mon	ma (mon)	mes
tu	ton	ta (ton)	tes
il / elle	son	sa (son)	ses
nous	notre		nos
vous	votre		vos
ils / elles	leur		leurs

ma, ta, sa は母音または無音のhで始まる名詞の前では mon, ton, son となります。

son violon   notre professeur   leurs élèves

~~ma~~ adresse ➡ mon adresse   ~~sa~~ histoire ➡ son histoire

3 疑問形容詞

音声 051

	男性	女性
単数	quel	quelle
複数	quels	quelles

Tu veux quel gâteau ?   Quelles photos choisissez-vous ?

4 人称代名詞の強勢形

音声 052

主語	je	tu	il	elle	nous	vous	ils	elles
強勢形	moi	toi	lui	elle	nous	vous	eux	elles

①**主語の強調**　Moi, je parle japonais.

②**前置詞の後**　Je suis avec toi.

③**c'estの後**　C'est moi.

[1] 数詞 11 ～ 20   音声
                                                                                                     053

11	12	13	14	15
onze	douze	treize	quatorze	quinze
16	**17**	**18**	**19**	**20**
seize	dix-sept	dix-huit	dix-neuf	vingt

[2] 年齢を尋ねる   音声
                                                                                                     054

   Quel âge avez-vous ?   — J'ai dix-huit ans.

   Il a quel âge ?   — Il a dix-neuf ans.

[3] 言語   音声
                                                                                                     055

   français   anglais   allemand   italien

   espagnol   japonais   chinois   coréen

   <parler + 言語>のとき、言語名は無冠詞にします。

[4] 性格を尋ねる   音声
                                                                                                     056

● être comment ?   「～はどんなですか?」

   Comment êtes-vous ?   — Je suis un peu timide.

   Miko, elle est comment ? — Elle est sympa et très ouverte.

● 性格を表す形容詞

   calme   timide   sévère   amical(e)   dur(e)   sympa(thique)

   amusant(e)   bavard(e)   ouvert(e)   intelligent(e)

   doux / douce   gentil / gentille   sérieux / sérieuse   paresseux / paresseuse

♪ **Activités** ♪

ペアになって次のことをお互いに尋ねましょう。

   1) 年齢

   2) 話せる言語

   3) 性格

1．動詞 vouloir の直説法現在の活用形を書き入れましょう。

　1）Je ＿＿＿＿＿＿＿ un thé.

　2）Vous ＿＿＿＿＿＿＿ une photo de portrait ?

　3）Les étudiants ＿＿＿＿＿＿＿ parler avec le professeur.

2．動詞 pouvoir の直説法現在の活用形を書き入れましょう。

　1）Paul ＿＿＿＿＿＿＿ parler allemand.

　2）Tu ne ＿＿＿＿＿＿＿ pas assister à son cours ?

　3）Nous ＿＿＿＿＿＿＿ visiter le Louvre aujourd'hui.

3．日本語に合わせて所有形容詞を書き入れましょう。

　1）私の先生 ＿＿＿＿＿＿ professeur 　　2）私のクラリネット ＿＿＿＿＿＿ clarinette

　3）彼の母親 ＿＿＿＿＿＿ mère 　　　　　4）彼女のお姉さん ＿＿＿＿＿＿ sœur

　5）私たちの音楽院 ＿＿＿＿＿＿ conservatoire 　6）きみの大学 ＿＿＿＿＿＿ université

　7）きみの両親 ＿＿＿＿＿＿ parents 　　　　8）彼らの家 ＿＿＿＿＿＿ maison

4．下線部を人称代名詞の強勢形にして質問に答えましょう。

　1）Vous pouvez jouer avec Miko ?

　　– Oui, ＿＿＿＿＿＿＿＿＿＿＿＿＿＿＿＿＿＿＿＿＿＿＿＿＿＿＿＿＿＿＿ .

　2）Elle est avec ses parents ?

　　– Non, ＿＿＿＿＿＿＿＿＿＿＿＿＿＿＿＿＿＿＿＿＿＿＿＿＿＿＿＿＿＿ .

🎼 **Dictée** 🎵

音声を聞いて、聞き取った単語を書き入れましょう。　　　　　⬇ 音声 057

　1）Vous ＿＿＿＿＿＿ ＿＿＿＿＿＿ robe ?

　2）＿＿＿ ＿＿＿ ＿＿＿＿＿ pas jouer avec ＿＿＿＿＿ ?

　3）Ce ＿＿＿＿＿＿ ＿＿＿＿ étudiants.

　4）＿＿＿＿＿＿ âge a-t-il ? – ＿＿＿＿ ＿＿＿＿ ＿＿＿＿＿＿ ans.

Je participe au concours.

Dialogue ♪

ミコとケンはコンクールを受けることになりました。

音声
058

Miko : Je vais participer au concours de Nice.

Paul : C'est quand ?

Miko : Au mois d'octobre.

Ken : Moi aussi, je viens de prendre* ma décision.

Mais j'ai un problème. J'ai besoin d'un pianiste.

Paul : Si tu veux, je peux présenter ma cousine Sophie parce qu'elle

est pianiste. Elle joue souvent avec les violonistes.

Ken : Elle habite où ?

Paul : À Rouen. Mais elle vient à Paris chaque semaine, le lundi et le

jeudi.

Ken : C'est super ! Merci, Paul. C'est un grand concours international,

et beaucoup de jeunes musiciens viennent du monde entier.

*prendre「〜を取る、選ぶ」: Leçon 7参照

♪ Grammaire ♪

1 動詞 aller, venir の直説法現在の活用

音声 059

aller		venir	
je vais	nous‿allons	je viens	nous venons
tu vas	vous‿allez	tu viens	vous venez
il va	ils vont	il vient	ils viennent
elle va	elles vont	elle vient	elles viennent

Je vais à Nice.   Nous allons parler avec le professeur.   Vous allez bien ?

Elle vient de Tokyo.   Tu viens ?   Ils viennent habiter à Paris.

2 近接未来と近接過去

音声 060

● **近接未来**　aller ＋動詞の不定詞　「これから～する」という近い未来を表します。

Je vais travailler.   Tu vas venir ?

● **近接過去**　venir de ＋動詞の不定詞　「～したところだ」という近い過去を表します。

Elle vient de finir le travail.   Nous venons de rentrer.

3 前置詞 à, de と定冠詞の縮約

音声 061

à＋le	au
à＋les	aux
de＋le	du
de＋les	des

Nous allons au concert.
Je parle aux élèves.
Il vient du bureau.
Voici la liste des étudiants.
*à la, à l', de la, de l' は変化しません。

4 疑問副詞

音声 062

quand	Quand est-ce que tu vas à Nice ?	– Demain.
où	Où habitez-vous ?	– J'habite à Paris.
pourquoi	Tu ne viens pas, pourquoi ?	– Parce que je suis fatiguée.
comment	Comment rentrez-vous ?	– Je rentre à pied.
combien	Vous avez combien de frères ?	– J'ai un frère.

♪ Vocabulaire et Expressions ♪

① 曜日と月

音声
063

曜日	lundi	mardi	mercredi	jeudi	vendredi	samedi	dimanche

J'ai cours de piano mercredi.

Restaurant ouvert du mardi au samedi.

月	janvier	février	mars	avril	mai	juin
	juillet	août	septembre	octobre	novembre	décembre

Je rentre au Japon en novembre.

Il y a un festival de musique au mois de juillet.

② 日付と曜日を尋ねる

音声
064

Le combien sommes-nous ? / Nous sommes le combien ?

　　　　　　　　　　　　　　　　– Nous sommes le 16 septembre.

　　　　　　　　　　　　　　　　– Nous sommes le premier mai.

Votre anniversaire, c'est quand ?　– C'est le 3 avril.

Quel jour sommes-nous ? / Nous sommes quel jour ?

　　　　　　　　　　　　　　　　– Nous sommes jeudi.

Tu as cours quel jour ?　　　　　– Vendredi.

③ 数詞 21 ～ 30

音声
065

21	22	23	24	25
vingt et un	vingt-deux	vingt-trois	vingt-quatre	vingt-cinq
26	**27**	**28**	**29**	**30**
vingt-six	vingt-sept	vingt-huit	vingt-neuf	trente

♪ Activités ♪

次の質問に答えましょう。

1) Le combien sommes-nous ?

2) Quel jour sommes-nous ?

3) Votre anniversaire, c'est quand ?

4) Vous avez cours de français quel jour ?

1.（　　　）の動詞の直説法現在の活用形を書き入れて文を完成させましょう。

1）Nous _____ à l'école.（aller）

2）Miko et Ken _____ au conservatoire.（aller）

3）Elle _____ d'Allemagne.（venir）

4）Les étudiants _____ travailler à la bibliothèque.（venir）

2．次の文を①近接未来と②近接過去の文に書きかえましょう。

1）Je parle avec Sophie.　①　_____

　　　　　　　　　　　　　②　_____

2）Vous assistez à son cours ?　①　_____

　　　　　　　　　　　　　②　_____

3．下線部を（　　　）の語に変えて全文を書きかえましょう。

1）Nous allons au cinéma.（bibliothèque）　_____

2）Il vient de la gare.（conservatoire）　_____

3）Je reste à la maison.（hôtel）　_____

4）C'est l'adresse du magasin.（école）　_____

4．適切な疑問副詞を書き入れましょう。

1）_____ sont les toilettes ?　　　　– Elles sont au premier étage.

2）Ils vont _____ à Lyon ?　　　　– En train.

3）_____ de dictionnaires avez-vous ?　– J'ai quatre dictionnaires.

4）_____ est-ce qu'elle va à Nice ?　– Parce qu'elle participe au concours.

5）Tu finis _____ ton travail ?　　– Je finis mon travail demain.

♪ Dictée ♪

音声を聞いて、聞き取った単語を書き入れましょう。　🔽 音声 066

1）_____ _____ dîner _____ restaurant.

2）Le concours, _____ _____ ?　– Il commence _____ _____ octobre.

3）Vous _____ _____ Tokyo ?　– Non, _____ _____ _____ .

Qu'est-ce que tu vas faire ?

 Dialogue ♪

ポールがミコに電話をかけてオペラに誘います。

⬇ 音声 067

Paul ： Allô, Miko ? C'est Paul. Qu'est-ce que tu vas faire demain ?

Miko ： Rien. Pourquoi ?

Paul ： Parce que je suis libre demain et je veux aller à l'opéra.

Miko ： Qu'est-ce qu'on donne en ce moment ?

Paul ： *Le Vaisseau fantôme* de Wagner. Tu connaîs cette pièce ?

Miko ： Non, je connais seulement le titre. Qui est le metteur en scène ?

Paul ： Ça, je ne sais pas. Mais il y a deux chanteurs très connus.
On y va ?

Miko ： Avec plaisir. Tu peux prendre les billets ?

Paul ： Oui, je fais ça tout de suite sur internet.

1 動詞 prendre, faire, savoir, connaître の直説法現在の活用　 音声 068

prendre	
je prends	nous prenons
tu prends	vous prenez
il prend	ils prennent
elle prend	elles prennent

faire	
je fais	nous faisons
tu fais	vous faites
il fait	ils font
elle fait	elles font

savoir	
je sais	nous savons
tu sais	vous savez
il sait	ils savent
elle sait	elles savent

connaître	
je connais	nous connaissons
tu connais	vous connaissez
il connaît	ils connaissent
elle connaît	elles connaissent

2 疑問代名詞　 音声 069

	主語	直接目的語	属詞
人	qui qui est-ce qui	qui qui est-ce que … qui	qui … qui
物	qu'est-ce qui	que qu'est-ce que … quoi	qu'est-ce que … quoi

人(主語)	Qui chante ?	Qui est-ce qui chante ?
人(直接目的語)	Qui cherchez-vous ? Vous cherchez qui ?	Qui est-ce que vous cherchez ?
人(属詞)	Qui est-ce ?	C'est qui ?
物(主語)	Qu'est-ce qui arrive ?	
物(直接目的語)	Que faites-vous ? Vous faites quoi ?	Qu'est-ce que vous faites ?
物(属詞)	Qu'est-ce que c'est ?	C'est quoi ?

3 指示形容詞　 音声 070

	単数	複数
男性	ce (cet)	ces
女性	cette	

ce は母音または無音の h で始まる語の前で cet になります。

　　ce cours　cette fille　ces photos　cet instrument

名詞のうしろに -ci、-là をつけて遠近を区別できます。

　　J'aime beaucoup ce gâteau-ci, mais j'aime aussi ce gâteau-là.

♪ Vocabulaire et Expressions ♪

1 物や事柄を指し示す（指示代名詞） 音声 071

- ceci これ　cela あれ／それ　ça あれ／それ

指し示す物の性数に関係なく用いることができます。会話ではcelaの代わりにçaを多く用います。

Ceci est un problème.　　　Ceci est grand, cela est petit.

Je veux cela. = Je veux ça.

2 位置をあらわす前置詞（句） 音声 072

sur	sous	devant	derrière
dans	entre	parmi	
près de	à côté de	à gauche de	à droite de

Il y a une voiture devant la maison.

Ce magasin est juste à côté du café.

3 さまざまな否定表現 音声 073

ne 〜 que	Je n'ai que ça.
ne 〜 plus	Il n'est plus malade.
ne 〜 rien	Je ne fais rien.
ne 〜 personne	Elle ne connaît personne à Paris.
ne 〜 aucun(e)	Il n'y a aucun concert aujourd'hui.

♪ Activités ♪

次の質問に１）〜３）はイラストを見て、４）は指示にあわせて答えましょう。

[質問] Où est votre texte ?

1）

la table

2）

le sac

3）
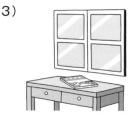
la fenêtre

４）実際にあなたの教科書が置かれている場所

1. （　　　）の動詞の直説法現在の活用形を書き入れて文を完成させましょう。

1）Je _____ le métro pour aller à l'opéra.（prendre）

2）Vous _____ ce gâteau-ci ou ce gâteau-là ?（prendre）

3）Elle _____ la cuisine chaque jour.（faire）

4）Qu'est-ce que vous _____ dans la vie ?（faire）

5）Ils _____ utiliser l'ordinateur.（savoir）

6）Vous ne _____ pas ?（savoir）

7）Je ne _____ que Paul à Paris.（connaître）

8）Nous _____ bien ce restaurant.（connaître）

2. 例にならって、下線部を問う疑問文を2つずつ作りましょう。

例：Je cherche <u>un magasin</u>.　➡　Qu'est-ce que vous cherchez ? / Que cherchez-vous ?

1）<u>Miko</u> chante bien.　　➡　_____

➡　_____

2）Nous faisons <u>un gâteau</u>.　➡　_____

➡　_____

3. フランス語にしましょう。

1）あなたはパリで誰を知っていますか？

➡　_____

2）あなたはカバンの中に何を持っていますか？

➡　_____

音声を聞いて、聞き取った単語を書き入れましょう。　　　　　　　　⬇ 音声 074

1）_____ ___ ___ un chanteur _____ la scène.

2）Je _____ _____ _____ la voiture.

3）_____ - ____ _____ tu _____ à Paris ?　– Je _____ _____ .

フランスの音楽の歴史

　フランス音楽は、ローマ・カトリック教会の典礼聖歌「グレゴリオ聖歌」がその源泉と言ってよいでしょう。ローマ・バチカンにおいてグレゴリウス1世が6世紀頃にまとめたもの（諸説あり）で、その後中世期の「アルス・ノーヴァ」の代表的な作曲家、G.ドゥ・マショーが、「グレゴリオ聖歌」を基にして、合唱作品を創作しました。

　ルネサンス期には、G.デュファイ、J.デ・プレという大家がミサ曲、モテットを数多く遺しています。C.ジャヌカンはとりわけ世俗的な歌、「シャンソン」というジャンルを確立しました。

　次いでバロック期は、器楽曲の発展の時代です。ルイ王朝の宮廷における華やかな生活に音楽は欠かせないものとなり、F.クープランやJ.P.ラモーらによって宮廷音楽、つまり宮廷舞曲やバロック・オペラがたくさん作曲されたのです。

　古典派には、フランスには主要な作曲家は残念ながら現れず、外国の作曲家、イタリアのG.ロッシーニやドイツのC.W.グルックなどのオペラが好まれて演奏されていました。

　ロマン派時代には、Ch.グノー、C.サン＝サーンス、G.ビゼー、J.マスネらが、グランド・オペラを次々に発表して活躍。一方で、H.ベルリオーズはフランス独自の管弦楽法を確立し、ドイツのR.ワーグナーやG.マーラーなどに対抗して大規模なオーケストラの作品を作曲しました。

　他方、フランスで最も独特なのは、19世紀中頃から20世紀初頭に隆盛を極めた「サロン文化」です。哲学、文学、美術の専門家らが自然に集う社交場として、銀行家の娘であったポンパドゥール侯爵夫人など裕福な貴族や実業家がサロンを提供したのが始まりです。また、詩人が主宰して友人らと芸術論を交わした文化交流のサロン「マラルメの火曜会」などでも、歌手や器楽奏者、作曲家も顔を出し、サロンの主宰者の提案に応じた歌曲や室内楽曲を作るようになりました。

　さて、印象派の画家たちが、「アカデミスム」の枠に収まらず、その象徴であった「アトリエ」から外に出て自然の中に身を置いて風景画を描いたことと並行して、フランス近代の作曲家たちも、ラモーの和声概論や、古典派時代に重要視されたソナタ形式などの「型」に縛られていた古典的な作曲技法から解き放たれて、自身の語法や様式を探すようになります。その顕著な例がCl.ドビュッシーで、音楽を音響による芸術として捉えた作曲法を世に問いました。その画期的な作曲法は、後世の音楽家に影響を与え、20世紀の偉大な作曲家、O.メシアンやその弟子にあたるP.ブーレーズに継承されてさらに進化します。ブーレーズは、音楽と哲学と数学を探求する「IRCAM」の創設を当時のポンピドゥー大統領に依頼され、「ポンピドゥーセンター」に併設される形で1977年に開設しました。そこでは、数学者、科学者らが招聘されて、作曲家とともに音自体の解析からコンピュータを用いて行い、それを基にした音楽制

作が行われるようになり、やがてコンピュータ援用システムが開発されました。そこではメシアンやブーレーズの次の世代、そして現在では孫の世代も創作に勤しんでいます。

　クラシック音楽の隆盛と同じく、民衆の心に深く根付いている音楽としては、いつの時代も歌い継がれているフランス民謡やシャンソンが挙げられます。シャンソンは、「シャンソニエ」と呼ばれる酒場で郷愁を誘う歌や恋の歌、そしてフランス革命の歌が今でも歌われて、親しまれています。P.モーリアらイージーリスニングも、フランスならではの旋律線とオーケストレーションで人々を魅了しました。また、「ミュージック・ヴァリエテ」というジャンルでは、ロックやジャズ、そして現在ではヒップ・ホップやラップも若者に人気があります。

[entretien ♬ インタビュー]

海老彰子氏　Akiko Ebi（piano）

パリと東京を拠点に活躍する世界的ピアニスト。
近年は各国で後進の育成にも力を注いでいる。

　私は日仏学院で勉強してからフランスに行きました。語学学校では筆記試験でクラス分けをされたため、会話はあまりできないのに上のクラスに入れられて大変でした。でも、フランスに行ったら、フランス人のお友達を作って、間違えてもいいから積極的にどんどん話すのが上達の早道ですね。間違いがあればフランス人がなおしてくれますから。そのためには、日本でしっかり文法の勉強をしておくことも必要です。それから、フランスでは、音楽以外の芸術にもぜひたくさん触れてください。

2人称の使い方：普通はやはり先生にはvousを使うと思います。でも、私が師事したチッコリーニ先生は、自分に対しtuを使うようにと生徒におっしゃいました。私はどうしてもそれができなくて、tutoyerできるようになるまで長い時間がかかりました。先生は生徒を家族のように考えてらしたのだと思います。レッスンは厳しいものというイメージを持っていましたが、フランスでは人間的な思いやりや優しさを感じることが多かったですね。ただ、音楽的には、毎回きちんと成果を出さないと認めてもらえない厳しさはありました。

レッスン代の渡し方：音楽院ではもちろんレッスン代をお渡しする必要はありませんでしたが、学校を出たあとレッスンに伺ったとき、私はいつも用意していったのですが、「そんなものはいらない」とおっしゃって受け取ってもらえませんでした。

Je te félicite, Miko.

♪ **Dialogue** ♪

コンクールの課題曲についてミコとロラン先生が話をしています。

 音声
075

M. Laurent : Tu es parmi les quarante candidats après
la présélection. Je te félicite, Miko.

Miko : Merci, monsieur.

M. Laurent : Montre-moi le programme du concours.

Miko : Voici la liste. J'hésite entre deux pièces pour la
demi-finale.

M. Laurent : Je te conseille de choisir celle-ci. C'est une bonne pièce.

Miko : Mais elle demande beaucoup de technique...

M. Laurent : Justement tu as une bonne technique. Tu peux la choisir.

Miko : D'accord, je vais faire de mon mieux.

M. Laurent : Travaille bien et je te souhaite un bon résultat !

♪ Grammaire ♪

1 人称代名詞の目的語と強勢形

音声
076

主語	直接目的語	間接目的語	主語	直接目的語	間接目的語
je	me (m')		nous	nous	
tu	te (t')		vous	vous	
il	le (l')	lui	ils	les	leur
elle	la (l')	lui	elles	les	leur

＊me, te, le, la は母音または無音のhの前でm', t', l' になります。

人称代名詞の目的語は、肯定命令形以外では動詞の直前に置きます。

Tu cherches Paul ?　　　－ Oui, je le cherche. / Non, je ne le cherche pas.

Il parle à Miko ?　　　－ Oui, il lui parle. / Non, il ne lui parle pas.

Vous avez son adresse ?　　－ Oui, nous l'avons. / Non, nous ne l'avons pas.

2 命令形

音声
077

直説法現在形から主語を除くと命令形になります。ただしavoirとêtreは特殊な活用形になります。nousの命令形は自分も含めて「～しましょう」という意味になります。

	venir	chanter	avoir	être
(tu)	viens	chante	aie	sois
(nous)	venons	chantons	ayons	soyons
(vous)	venez	chantez	ayez	soyez

tuの活用語尾が-es, -asの動詞（er動詞と一部の不規則動詞）は、語末のsを除きます。

Tu chantes. ➡ Chante !　　Tu vas au concert. ➡ Va au concert !

人称代名詞の目的語は動詞の後に置き、-で結びます。me, teはmoi, toiになります。

Tu regardes la liste. ➡ Regarde-la !　　Vous me téléphonez. ➡ Téléphonez-moi !

否定命令形は否定文から主語を除きます。

Tu ne viens pas ici. ➡ Ne viens pas ici !

3 指示代名詞　celui, celle, ceux, celles

音声
078

	単数	複数
男性	celui	ceux
女性	celle	celles

既出の名詞を受けて「それ」「これ」という意味になります。-ci, -làをつけて2つのものを「こちら」「そちら」と区別することができます。

Voici mes chaussures et voilà celles de Sophie.

Il y a deux dictionnaires. Vous choisissez celui-ci ou celui-là ?

43

🎼 Vocabulaire et Expressions ♪

1 数詞40 ～ 1000

音声
079

40	50	60
quarante	cinquante	soixante
70	**71**	**79**
soixante-dix	soixante et onze	soixante-dix-neuf
80	**81**	**89**
quatre-vingts	quatre-vingt-un	quatre-vingt-neuf
90	**99**	**100**
quatre-vingt-dix	quatre-vingt-dix-neuf	cent
200	**1000**	**2000**
deux cents	mille	deux mille

Il y a quarante étudiants dans ce cours.

La date de naissance de Mozart, c'est le 27 janvier 1756.

numéro de téléphone : 01 45 23 87 61 (0=zéro)

2 お祝いの表現

音声
080

成功のお祝い	Félicitations ! Toutes mes félicitations ! Je vous félicite ! Bravo !
誕生日のお祝い	Joyeux anniversaire ! Bon anniversaire !
季節のお祝い	Bonne année ! Joyeux noël !

🎼 Activités ♪

ペアになって、次の質問に答えるやりとりをしましょう。

1）Il y a combien d'étudiants dans ce cours ?

2）Combien de livres avez-vous ?

3）Quel est votre numéro de téléphone ?

1. 下線部を目的語の人称代名詞にして文を書きかえましょう。

1) Il cherche <u>les partitions</u>. ➡ _____

2) Vous téléphonez <u>à votre père</u> ? ➡ _____

3) Je ne regarde pas <u>la télévision</u>. ➡ _____

4) Nous aimons beaucoup <u>Miko</u>. ➡ _____

2. 次の文を命令形に書きかえましょう。

1) Vous choisissez ce restaurant. ➡ _____

2) Tu me donnes ce gâteau. ➡ _____

3) Nous ne parlons pas fort. ➡ _____

4) Vous êtes calme. ➡ _____

3. 適切な指示代名詞celui, celle, ceux, cellesを入れて文を完成させましょう。

1) Voici mon père et voilà _____ de Sophie.

2) Les étudiants de Jacques et _____ de Marie jouent ensemble.

3) Ce n'est pas votre salle de cours, mais c'est _____ de Monsieur Laurent.

4) Regarde ces deux robes ! Moi, je veux prendre _____ -ci.

4. フランス語にしましょう。

1) ミコがきみを探しているよ。彼女に電話して！

➡ _____

2) レストランが2軒あります。あちらを選びましょう。

➡ _____

音声を聞いて、聞き取った単語を書き入れましょう。　　　🔽 音声 **081**

1) _____ _____ ce gâteau ? — _____ , _____ _____ beaucoup.

2) _____ , _____ ton anniversaire. _____ _____ _____ ensemble !

3) _____ _____ _____ ce cadeau. _____ _____ !

4) ___ ___ ___ _____ étudiants _____ ce cours.

Je dois me réveiller très tôt.

コンクールに出発するミコをポールが励まします。

 音声 082

Paul ： Alors tu pars demain pour le concours ?

Miko ： Oui, je dois me réveiller très tôt pour prendre le train.

Paul ： Tu arrives à quelle heure à Nice ?

Miko ： J'y arrive vers midi. L'inscription commence à treize heures et la répétition à quatorze heures. Quel temps fait-il à Nice ?

Paul ： D'après la météo, il fait beau demain.

Miko ： C'est bien. Le temps est très important pour les anches. Il faut toujours y penser.

Paul ： Ne sois pas trop nerveuse. Tu joues très bien, je sais. Maintenant, mange bien et dors bien.

Miko ： Merci, Paul. Tu as raison.

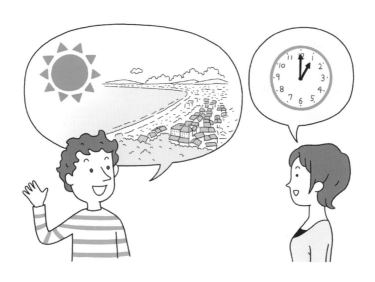

46

♪ Grammaire ♪

1 動詞 partir, devoir, dormir の直説法現在の活用

 音声 083

partir		devoir		dormir	
je pars	nous partons	je dois	nous devons	je dors	nous dormons
tu pars	vous partez	tu dois	vous devez	tu dors	vous dormez
il part	ils partent	il doit	ils doivent	il dort	ils dorment
elle part	elles partent	elle doit	elles doivent	elle dort	elles dorment

Je pars pour Nice.　　Vous devez travailler.　　Il dort bien.

2 代名動詞

音声 084

主語と同じものを指す目的語人称代名詞（再帰代名詞）を持つ動詞を代名動詞といいます。

se réveiller	
je me réveille	nous nous réveillons
tu te réveilles	vous vous réveillez
il se réveille	ils se réveillent
elle se réveille	elles se réveillent

＊ me, te, se は母音または無音のhの前で m', t', s' になります。

①**再帰的用法**「自分を(自分に)〜する」　　　Je me réveille très tôt.
②**相互的用法**「互いに〜する」（主語は複数）　Vous vous téléphonez ?
③**受動的用法**「〜される」（主語は人以外）　　Le français se parle en France.
④**本質的用法**（代名動詞のみで用いられる動詞）　Ils se moquent de moi.

・否定文　　　　Je ne me réveille pas.
・倒置の疑問文　Se réveille-t-elle très tôt ?

3 非人称構文

 音声 085

非人称の主語ilを用いた構文です。ilは形式的な主語で、訳す必要はありません。

Il faut du temps pour jouer cette pièce.　　Il faut partir demain.

4 中性代名詞 y

 音声 086

《前置詞 à ＋名詞(場所・事柄)》の代わりになる代名詞で、動詞の直前に置きます。
à 以外にも、場所を表す前置詞 dans, en, chez 等の場合も y を用いることができます。

Elle va à Nice. ➡ Elle y va.
Je pense toujours à ce concours. ➡ J'y pense toujours.
Nous ne sommes pas en France. ➡ Nous n'y sommes pas.

♪ Vocabulaire et Expressions ♪

1 非人称構文を用いた表現 ①時刻

音声 087

Quelle heure est-il ? / Il est quelle heure ?

－ Il est une heure. / － Il est deux heures cinq.

(時計)	Il est trois heures quinze. Il est trois heures et quart.	(時計)	Il est neuf heures trente. Il est neuf heures et demie.
(時計)	Il est douze heures. Il est midi. Il est minuit.	(時計)	Il est cinq heures moins cinq.
(時計)	Il est sept heures moins le quart.		

2 非人称構文を用いた表現 ②天候

音声 088

Quel temps fait-il ?

Il fait beau.　　　　Il fait mauvais.　　　Il fait nuageux.

Il pleut.(➡ pleuvoir)　Il neige.(➡ neiger)

Il fait chaud.　　　　Il fait froid.

Il fait sec.　　　　　Il fait humide.　　　Il fait frais.

3 非人称構文を用いた表現 ③さまざまな表現

音声 089

・il faut ＋名詞 / 動詞(不定詞)　　Il faut bien manger et bien dormir.

・il y a ＋名詞　　　　　　　　　Il y a plusieurs salles de concert à Paris.

・il manque ＋名詞　　　　　　　Il manque six euros.

・il vaut mieux ＋動詞(不定詞)　　Il vaut mieux prendre l'avion.

・il est 形容詞 de ＋動詞(不定詞)　Il est possible de jouer cette pièce.

♪ Activités ♪

次の地点の時刻と天候を言いましょう。

1）Paris　　　　7:00　　晴れ

2）New York　15:30　　寒い

3）Séoul　　　　12:00　　雨

4）いまの時刻と自分が住む町の天候

1.（　　　）内の動詞の直説法現在の活用形を書き入れましょう。

1）Ils _____ pour le concours.（partir）

2）Le train _____ de la gare de Lyon.（partir）

3）Vous _____ bien manger.（devoir）

4）Je vous _____ combien ?（devoir）

5）Nous _____ bien à la campagne.（dormir）

6）Miko ne _____ pas bien.（dormir）

2.（　　　）内の代名動詞の直説法現在の活用形を書き入れましょう。

1）Je _____ _____ à minuit.（se coucher）

2）Nous _____ _____ souvent au téléphone.（se parler）

3）Les enfants _____ _____ très tôt.（se réveiller）

4）Je _____ _____ de ce concert magnifique.（se souvenir*）
   ＊venir と同じ型の活用

3．次の質問に（　　　）内の指示に従って答えましょう。

1）Vous vous dépêchez ?（否定形で答える）

　– Non, _____ .

2）Tu te réveilles à quelle heure ?（「6時」と答える）

　– _____ .

3）Quelle heure est-il à Paris ?（「8時15分」と答える）

　– _____ .

4）Miko et Ken vont à Nice ?（中性代名詞 y を用いて肯定形で答える）

　– Oui, _____ .

♪ **Dictée** ♪

音声を聞いて、聞き取った単語を書き入れましょう。　🔽 音声 090

1）Paul et Miko, _____ _____ _____ pendant le concours.

2）Nous _____ _____ couchons _____ sur le tatami.

3）_____ _____ _____ à ton professeur.

4）_____ vas à Osaka ?　– Oui, _____ _____ .

Tu es le plus fort.

コンクールの会場で、演奏が終わったケンにミコが声をかけます。

音声 091

Miko : Bravo, Ken ! Tu es le plus fort de tous les candidats.

Ken : Tu exagères. Par exemple cette fille russe, elle est plus forte que moi. Et ce garçon coréen, il a beaucoup de technique.

Miko : Mais tu as une belle sonorité.

En plus, Sophie et toi, vous jouez parfaitement ensemble.

Ken : C'est gentil. J'attends le résultat tranquillement.

Miko : Moi, je mets ma robe maintenant. Je vais jouer dans deux heures.

Ken : Bonne chance, ou plutôt "merde" à la française !

♪ Grammaire ♪

1 動詞 mettre, attendre の直説法現在の活用

音声 092

mettre		attendre	
je mets	nous mettons	j'attends	nous attendons
tu mets	vous mettez	tu attends	vous attendez
il / elle met	ils / elles mettent	il / elle attend	ils / elles attendent

Je mets ma robe.　　　　　　　　Elle attend Paul.

Il met la lettre à la poste.

2 比較級

音声 093

優等比較「〜より…だ」	plus	
同等比較「〜と同じくらい…だ」	aussi ＋ 形容詞・副詞 ＋ que(qu')〜	
劣等比較「〜ほど…でない」	moins	

＊queは母音または無音のhの前でqu' となります。

Elle est plus forte que Ken.

queの後に人称代名詞を置く場合は強勢形にします。

Paul parle aussi vite que moi.

bonとbienは優等比較のときに特殊な形になります。

~~plus bon~~ ➡ meilleur / meilleure / meilleur(e)s　　　~~plus bien~~ ➡ mieux

Le vin français est meilleur que le vin japonais.

Ken parle mieux qu'elle.

3 最上級

音声 094

優等最上級	le / la / les	＋ plus ＋	形容詞	de〜
「〜の中で最も…だ」	le	＋ plus ＋	副詞	de〜
劣等最上級	le / la / les	＋ moins ＋	形容詞	de〜
「〜の中で最も…でない」	le	＋ moins ＋	副詞	de〜

Ken est le plus fort de tous les candidats.

Elle parle le moins vite de la classe.

bonとbienは優等最上級のときに特殊な形になります。

~~le plus bon~~ ➡ le meilleur / la meilleure / les meilleur(e)s

~~le plus bien~~ ➡ le mieux

Cette violoniste est la meilleure du monde.

Qui joue le mieux de la classe ?

51

🎼 Vocabulaire et Expressions 🎵

音声
095

① 時をあらわす前置詞

à「～時に」	La répétition commence à une heure.
dans「～後に」	Miko va jouer dans deux heures.
depuis「～前から」	Il habite à Paris depuis trois ans.
pendant「～のあいだ」	Elle va rester à Kyoto pendant une semaine.

② 励ましの表現

音声
096

Bonne chance !　　　Bon courage !

Sois courageux !　　　Vas-y !　　　Allez !

Merde !（= Bonne chance.）

Toï, toï, toï !　（舞台に上がる人を励ますためのドイツ語由来の表現）

③ tout の変化と用法

音声
097

toutは「すべて」「全部」という意味で用いられ、性・数の変化をします。

	単数	複数
男性	tout	tous
女性	toute	toutes

①形容詞の tout「すべての～」　　修飾する名詞の性・数に一致します。

　　tout le monde　　toute la nuit　　tous les candidats　　toutes les pièces

②代名詞の tout「すべてのもの（人）」

　　漠然と「すべて」をあらわすときはtoutを、特定の対象を指示するときはtous / toutesを用います。（代名詞tousは語末のsを発音します）

　　Tout va bien.

　　Ken est le plus fort de tous.

③副詞の tout「まったく」「とても」　　原則としてtoutのみを用います。

　　C'est tout simple.

🎼 Activités 🎵

ペアになってお互いに次のことを比べましょう。

1）背の高さ（grand）

2）カバンの重さ（lourd）

3）話す速さ（parler vite）

Exercices♪

1. ( ) 内の動詞の直説法現在の活用形を書き入れましょう。

1) Il _____ sa voiture au parking. （mettre）

2) Les enfants _____ un chapeau en été. （mettre）

3) J'_____ l'autobus depuis dix minutes. （attendre）

4) Vous _____ devant la porte. （attendre）

2. ( ) 内の語を用い、必要に応じて適切な形に変えて、フランス語の文を作りましょう。

1) ポールはケンより背が高い。（Paul, Ken, grand）

➡ _____

2) ケンはミコよりもフランス語を上手に話す。（Ken, Miko, parler, bien, français）

➡ _____

3) 日本料理はフランス料理と同じくらいおいしい。

（la cuisine japonaise, la cuisine française, bon）

➡ _____

4) このビストロはあのレストランほど高くはない。（ce bistro, ce restaurant, cher）

➡ _____

3. 例にならい最上級の文を作りましょう。

例：Cette fille est jolie. （la classe） ➡ Cette fille est la plus jolie de la classe.

1) Ce restaurant est bon. （ce quartier）

➡ _____

2) Madame Franck est sévère. （tous les professeurs）

➡ _____

3) Elle chante bien. （toutes les chanteuses）

➡ _____

Dictée ♪

音声を聞いて、聞き取った単語を書き入れましょう。　音声098

1) _____ _____ le résultat _____ une heure.

2) _____ dix minutes, _____ ___ _____ la scène. _____ _____ !

3) Cette symphonie est _____ _____ longue _____ _____ ses œuvres.

Toutes mes félicitations !

♪ Dialogue ♪

ポールとソフィーがお祝いのパーティを開いてくれました。

音声 099

Paul : À votre santé et toutes mes félicitations !

Sophie : Moi aussi, je vous félicite de tout mon cœur, Miko et Ken.

Miko : Merci, Paul. Merci, Sophie. C'est très sympa.

Paul : Tu veux encore du champagne, Miko ?

Miko : Oui, j'en veux un peu. C'est très bon.

Ken : Et ces huîtres, elles sont délicieuses ! Je peux en prendre encore une ?

Sophie : Comme tu veux. Tu mets du citron ?

Ken : Non, je n'en mets pas. Je préfère le vinaigre aux échalotes.

Sophie : Que tu es gourmand !

♪ Grammaire ♪

1 部分冠詞

音声
100

男性形	女性形
du（de l'）	de la（de l'）

＊母音または無音のhで始まる名詞の前ではde l'になります。

　部分冠詞は不特定の不可算名詞（数えられない名詞）につけ、「いくらかの〜」という意味になります。不可算名詞には、液体・気体・細かな粒子を表す名詞、抽象名詞などがあります。

　　du champagne　　de l'air　　de la farine　　du courage

2 数量の表現

音声
101

un peu	de（d'）＋ 名詞（無冠詞）	Je prends un peu de champagne.
assez		Nous avons assez de temps.
beaucoup		Ils ont beaucoup d'enfants.
trop		Il y a trop de fautes.

　deのあとに続く名詞は、数えられる名詞は複数形、数えられない名詞は単数形にします。un peuのあとは数えられない名詞のみを置くことができます。deは母音または無音のhの前でd'となります。

3 中性代名詞en

音声
102

①《de＋名詞》の代わりになります。

②《不定冠詞／部分冠詞／数詞／数量表現＋名詞（直接目的語）》の代わりになります。数詞や数量表現は残ります。

enは動詞の直前に置きます。je, neのあとにenがくると j'en, n'enとなります

　　Nous sommes contents de ce résultat. ➡ Nous en sommes contents.
　　Je prends du champagne.　　　　　 ➡ J'en prends.
　　Il mange beaucoup d'huîtres.　　　 ➡ Il en mange beaucoup.
　　Il ne met pas de citron.　　　　　 ➡ Il n'en met pas.
　　Vous avez combien de livres ?　　　　 – J'en ai soixante.
　　Il y a des pommes ?　　　　　　　　 – Oui, il y en a deux.
　　　　　　　　　　　　　　　　　　 – Non, il n'y en a pas.

🎼 Vocabulaire et Expressions ♪

1 感嘆文

音声 103

- Que(Qu')＋文　　　　　Que tu es gourmand !

　　　　　　　　　　　　Qu'il fait beau !

- Quel＋名詞　　　　　　Quelle belle musique !

　　　　　　　　　　　　Quel froid !

- Comme＋文　　　　　　Comme il joue bien !

　　　　　　　　　　　　Comme c'est bon !

- Qu'est-ce que(qu')＋文　Qu'est-ce que c'est cher !

- その他　　　　　　　　Super !　　Magnifique !　　Chouette !

2 さまざまな数量表現

音声 104

un kilo d'oranges　　　　　　un litre de jus de fruit

un paquet de café　　　　　　une boîte de haricots

une bouteille de vin rouge　　un verre de vin blanc

une tranche de jambon　　　　une tasse d'huile d'olive

une cuillère de sirop　　　　　une feuille de papier

3 好き嫌いの表現

音声 105

好き嫌いを表現するとき、名詞には定冠詞をつけます。可算名詞は複数形にします。

　　◎Il adore les huîtres.　　　　　　○J'aime les chats.

　　△Elle n'aime pas beaucoup l'opéra.　×Je déteste les rats.

- préférer ～ à ...　「…より～が好き」

　　Vous aimez le vin ?　– Non, je préfère la bière au vin.

préférer	
je préfère	nous préférons
tu préfères	vous préférez
il/elle préfère	ils/elles préfèrent

préférerは基本的に第1群規則動詞として活用しますが、発音の都合で部分的につづりが変わります。

・つづりが変則的になるその他の動詞

acheter　　lever　　appeler

commencer　　manger

🎼 Activités ♪

ペアになってどちらが好きかお互いに尋ねましょう。

1) les chats / les chiens

2) la cuisine française / la cuisine japonaise

3) Paul / Ken

1．空欄に適切な部分冠詞を入れましょう。

1) ＿＿＿＿ vin　　2) ＿＿＿＿ huile　　3) ＿＿＿＿ riz

4) ＿＿＿＿ argent　　5) ＿＿＿＿ musique　　6) ＿＿＿＿ peur

2．下線部を中性代名詞enにして全文を書きかえましょう。

1) Il parle de ce concours.　➡ ＿＿＿＿＿＿＿＿＿＿＿＿＿＿＿＿＿

2) Je ne prends pas de vin.　➡ ＿＿＿＿＿＿＿＿＿＿＿＿＿＿＿＿＿

3) Nous avons trop de concerts.　➡ ＿＿＿＿＿＿＿＿＿＿＿＿＿＿

4) Il y a vingt CD.　➡ ＿＿＿＿＿＿＿＿＿＿＿＿＿＿＿＿＿＿

3．次の質問に（　　　）の内容に従って中性代名詞enを使って答えましょう。

1) Vous avez des sœurs ?　（2人いる）＿＿＿＿＿＿＿＿＿＿＿＿＿＿

（いない）＿＿＿＿＿＿＿＿＿＿＿＿＿＿＿＿＿＿

2) Tu achètes du vin rouge ?　（1瓶買う）＿＿＿＿＿＿＿＿＿＿＿＿

（買わない）＿＿＿＿＿＿＿＿＿＿＿＿＿＿＿

3) Elle met combien de
sucres dans le café ?　（1個）＿＿＿＿＿＿＿＿＿＿＿＿＿＿＿＿＿

（入れない）＿＿＿＿＿＿＿＿＿＿＿＿＿

4) Tu as de l'argent ?　（充分に持っている）＿＿＿＿＿＿＿＿＿＿

（少し持っている）＿＿＿＿＿＿＿＿＿＿＿

4．フランス語にしましょう。

1) なんてすばらしいコンサートでしょう！

➡ ＿＿＿＿＿＿＿＿＿＿＿＿＿＿＿＿＿＿＿＿＿＿＿＿＿＿＿

2) 私はコーヒーより紅茶(le thé)のほうが好きです。

➡ ＿＿＿＿＿＿＿＿＿＿＿＿＿＿＿＿＿＿＿＿＿＿＿＿＿＿＿

♩ **Dictée** ♩

音声を聞いて、聞き取った単語を書き入れましょう。 ⬇ 音声 **106**

1) Vous ＿＿＿＿＿ ＿＿＿ riz ?　– Oui, ＿＿＿ mange ＿＿＿＿＿ .

2) ＿＿＿＿＿ ＿＿＿ mignon, ce chat !　＿＿＿＿＿ ＿＿＿ ＿＿＿ .

3) Elle ＿＿＿ ＿＿＿＿＿ du résultat ?　– Non, ＿＿＿ ＿＿＿ ＿＿＿ ＿＿＿ .

パリのコンサートホール

　観光都市パリでは毎日のようにどこかでコンサートが開催されています。会場は必ずしも音楽専用ホールではなく、教会、宮殿、貴族の邸宅だった建物、音楽院や放送局に付属するホールなどが使用されることもありますが、パリの代表的なホールをご紹介しましょう。

♪オペラ・ガルニエ（ガルニエ宮）l'Opéra, Palais Garnier

　建築家シャルル・ガルニエによって1875年に作られました。絢爛豪華な内装やシャガールによる天井画で知られ、パリを代表するモニュメントとして今日も多くの観光客を集めています。かつてはパリ国立オペラによる公演の主要会場でしたが、現在は主にバレエや小規模なオペラ、管弦楽などの公演がおこなわれています。

♪サル・ガヴォ Salle Gaveau

　1905年に作られた8区に位置する約1000席のホール。優雅なイタリア式内装と馬蹄形の客席が特徴で、初期のコンセール・ラムルー（管弦楽団）が一時定期演奏会を行っていました。今も室内オーケストラの演奏会や著名な演奏家によるリサイタル、室内楽コンサートがしばしば開かれています。

♪シャンゼリゼ劇場 Théâtre des Champs-Élysées

　1913年完成のアール・デコ様式のホール。旧来の劇場に対し、新しい作品を上演することをコンセプトとしていました。ストラヴィンスキーの「春の祭典」が初演され大スキャンダルとなったのもこのホールです。今もいくつかの管弦楽団がここを本拠地としています。

♪サル・プレイエル Salle Pleyel

　パリを代表するクラシック音楽のためのコンサートホールとして、多くの聴衆がここに足を運びました。初代ホールが作られたのは1839年。フォブール・サントノレ通りにある現在の建物は3代目で、1927年に建設されました。パリ管弦楽団も長らくここを本拠地にしていましたが、フィラルモニー・ド・パリの完成をもってそちらに移転。サル・プレイエルはクラシック音楽のためのホールとしての役割を終え、現在はシャンソンやポップス系音楽のコンサートがおこなわれています。

♪ オペラ・バスチーユ l'Opéra de Paris Bastille

　フランス革命200周年を記念して1989年に完成したパリ第二の国立歌劇場。パリ国立オペラの主要公演会場であるほか、バレエや管弦楽のコンサートも多く開かれています。開館当時は、モダンな外装とコンピュータ制御による大規模な舞台装置が注目を集め、近代技術の粋を集めた劇場として話題になりました。

♪ フィラルモニー・ド・パリ Philharmonie de Paris

　建築家ジャン・ヌーヴェルが手がけた、パリ市民待望の近代的コンサートホール。2015年、19区のラ・ヴィレット公園内にある音楽複合施設「シテ・ド・ラ・ミュージック(Cité de la musique)」内にオープンしました。2400名を収容できる素晴らしい音響の大ホールを誇り、パリ管弦楽団の本拠地でもあります。

[entretien ♬ インタビュー]

ミシェル・アリニョン氏
Michel Arrignon（clarinette）

フランスを代表するクラリネット奏者。
教育者としても著名で、日本とのつながりも深い。

　これまでフランスで多くの日本人学生を教えてきましたが、事前に語学学校に通うなど真剣に準備をしてフランスに来るので、コミュニケーションの問題を感じたことはほとんどありません。言語体系がまったく異なるフランス語を勉強するのは大変でしょうから、皆さんとても courageux だと思います。可能なら、一般的なフランス語だけでなく、音楽用語や楽器の各部の名称など、最低限の単語だけでも知っておくと役に立つでしょう。それから、挨拶をしたりお礼を言うとき、Bonjour や Merci だけではあまり丁寧ではないので、Monsieur や Madame、あるいは名前をあとにつけるようにした方がいいと思います。

2人称の使い方：先生と生徒は copain ではないから、先生には vous を使うべきです。でも、卒業して仕事をするようになったらもう仲間だから、「Michel と呼んでくれ」「tu で話そう」と、私から提案します。

レッスン代の渡し方：レッスン代は封筒に入れなくても、財布から出してそのまま渡して大丈夫ですよ。そういうところは、フランス人はあまり形式にこだわりません。しわくちゃの紙幣でも、小銭があってもかまいません。

Tu as visité un peu la ville ?

 Dialogue ♪

ミコとケンがお互いの健闘をたたえます。

⬇ 音声 107

Miko： Ken, encore bravo ! Tu as remporté le troisième prix, c'est merveilleux !

Ken ： Toi aussi, Miko, tu es finaliste du concours. C'est pas mal.

Miko： Tu as visité un peu la ville de Nice ?

Ken ： Oui, le lendemain, je me suis promené sur la Promenade des Anglais, et puis j'ai visité le musée Matisse.

Miko： Tu as de la chance ! Moi, je suis rentrée tout de suite à Paris pour assister au concert de Monsieur Laurent.

Ken ： Qu'est-ce qu'il a joué ?

Miko： Le quintette de Brahms. Il l'a joué magnifiquement ! Ça m'a beaucoup touchée.

♪ Grammaire ♪

音声 108

1 過去分詞

①規則動詞　　-er ➡ -é　　chanter → chanté

　　　　　　　-ir ➡ -i　　finir → fini

②不規則動詞　avoir ➡ eu　　être ➡ été　　aller ➡ allé　　venir ➡ venu

　　　　　　　partir ➡ parti　　faire ➡ fait　　prendre ➡ pris　　pouvoir ➡ pu

　　　　　　　vouloir ➡ voulu　　connaître ➡ connu　　savoir ➡ su

2 複合過去

音声 109

過去に起こった出来事や完了した事柄をあらわします。

《助動詞の現在形＋動詞の過去分詞》の形をとります。助動詞はavoirまたはêtreです。

parler 助動詞avoir		aller 助動詞être	
j'ai parlé	nous avons parlé	je suis allé(e)	nous sommes allé(e)s
tu as parlé	vous avez parlé	tu es allé(e)	vous êtes allé(e)(s)
il a parlé	ils ont parlé	il est allé	ils sont allés
elle a parlé	elles ont parlé	elle est allée	elles sont allées

ほとんどの動詞の助動詞はavoirですが、移動などを表す以下のような自動詞は助動詞êtreをとります。助動詞がêtreのとき、動詞の過去分詞は主語の性・数に一致します。

aller	venir	partir	sortir	arriver	entrer
monter	descendre	rentrer	rester	naître	mourir

J'ai participé au concours.　　Ils sont allés à Nice.

否定文は助動詞をneとpasではさみ、人称代名詞の目的語は助動詞の前に置きます。

Elle n'a pas parlé avec le professeur.

Tu as téléphoné à tes parents ?

– Oui, je leur ai téléphoné hier.

3 代名動詞の複合過去

音声 110

代名動詞の助動詞はêtreです。過去分詞は主語に性数を一致させますが、一部例外もあります。

se réveiller	
je me suis réveillé(e)	nous nous sommes réveillé(e)s
tu t'es réveillé(e)	vous vous êtes réveillé(e)(s)
il s'est réveillé	ils se sont réveillés
elle s'est réveillée	elles se sont réveillées

Elle s'est réveillée très tôt.　　Je ne me suis pas reposée.

🎼 Vocabulaire et Expressions ♪

音声
111

1 序数詞

・基数詞から語末のeを除き、-ième をつけてつくります。

　　quatre ➡ quatrième

・neuf は語尾をvにします。

　　neuf ➡ neuvième

・1は特別な形をもちます。

　　un ➡ premier / une ➡ première

・2つあるもののうちの2番目については second(e) を用いることがあります。

・20以上で1の位が1の場合は、～ et unième となります。

　　le premier prix　　　　　　　　　　le dix-huitième siècle (= XVIIIᵉ siècle)

　　la neuvième symphonie de Beethoven

　　la Deuxième Guerre mondiale (= la Seconde Guerre mondiale)

　　le vingt et unième siècle

2 avoir を用いた表現

音声
112

avoir faim	avoir soif	avoir chaud	avoir froid
avoir sommeil	avoir peur	avoir de la chance	avoir raison
avoir besoin de～	avoir mal（à～）		

3 複合過去の過去分詞の一致のまとめ

音声
113

①助動詞が être の場合、過去分詞の性・数は主語に一致します。

　　Elles sont allées à Paris.

②助動詞が avoir の場合、直接目的語が動詞の前に位置すると、過去分詞は直接目的語の性・数に一致します。

　　Il a joué la sonate de Debussy ?　– Oui, il l'a jouée.

③代名動詞の再帰代名詞が間接目的語である(別に直接目的語がある)場合、過去分詞は性・数の一致をしません。

　　Elle s'est lavée.　　　Elle s'est lavé les mains.

🎼 Activités ♪

ペアになって次のことを互いに尋ねましょう。

1) Hier vous êtes allé(e) à la bibliothèque ?

2) Ce matin vous vous êtes réveillé(e) à quelle heure ?

3) Ce matin vous avez mangé du pain ou du riz pour le petit déjeuner ?

1．次の動詞の過去分詞を書きましょう。

1）arriver ➡ _____ 　2）rentrer ➡ _____ 　3）choisir ➡ _____

4）partir ➡ _____ 　5）avoir ➡ _____ 　6）dormir ➡ _____

7）venir ➡ _____ 　8）faire ➡ _____ 　9）connaître ➡ _____

10）mettre ➡ _____ 　11）naître ➡ _____ 　12）mourir ➡ _____

2．複合過去の文に書きかえましょう。

1）Je chante cette chanson.　➡ _____

2）Miko rentre à Paris.　➡ _____

3）Nous avons de la chance.　➡ _____

4）Ils entrent au conservatoire.　➡ _____

5）Elle ne visite pas ce musée.　➡ _____

6）Ken se repose un peu.　➡ _____

7）Tu leur téléphones ?　➡ _____

8）Je ne le donne pas.　➡ _____

3．次の質問に（　　　）内の指示に従って答えましょう。

1）Ken est rentré à Paris tout de suite ?（否定形で答える）

　➡ Non, _____

2）Il a remporté le premier prix ?（「3位」と答える）

　➡ _____

3）Qu'est-ce que tu as choisi comme plat* ?（un steak と答える）
　*plat メインディッシュ

　➡ _____

4）Vous vous êtes couché à quelle heure ?（à une heure と答える）

　➡ _____

♩ **Dictée** ♪

音声を聞いて、聞き取った単語を書き入れましょう。　　　　🔽 音声 114

1）_____ _____ _____ _____ concert de Monsieur Laurent.

2）_____ _____ _____ _____ mon petit déjeuner. _____ _____ !

3）Debussy _____ _____ à Paris en _____ .

Qu'est-ce que vous ferez ?

みんなでバカンスの予定について話をしています。

音声
115

Paul : Qu'est-ce que vous ferez pendant les vacances ?

Ken : Moi, je participerai à un stage en Italie. Comme ça, je pourrai travailler et en même temps je pourrai m'amuser un peu.

Miko: Moi, j'irai à Osaka pour me présenter à une audition de l'orchestre.

Paul : Si tu réussis, tu retourneras au Japon ?

Miko: Ne t'inquiète pas. Il y a plus de cent candidats. J'ai peu de chances. Mais entrer dans un orchestre professionnel, c'est mon rêve depuis l'enfance. C'est juste un premier pas.

Grammaire

1 単純未来

音声
116

未来の行為や事柄をあらわします。語尾はすべての動詞に共通です。語幹は、規則動詞は不定詞の語末のrを除きます。

単純未来の語尾			
je	-rai	nous	-rons
tu	-ras	vous	-rez
il / elle	-ra	ils / elles	-ront

parler		finir	
je parlerai	nous parlerons	je finirai	nous finirons
tu parleras	vous parlerez	tu finiras	vous finirez
il / elle parlera	ils / elles parleront	il / elle finira	ils / elles finiront

・不規則動詞の語幹

avoir ➡ au	être ➡ se	aller ➡ i	venir ➡ viend	voir ➡ ver
faire ➡ fe	prendre ➡ prend	pouvoir ➡ pour	vouloir ➡ voud	

aller		faire	
j' irai	nous irons	je ferai	nous ferons
tu iras	vous irez	tu feras	vous ferez
il / elle ira	ils / elles iront	il / elle fera	ils / elles feront

Je parlerai avec le professeur demain.

Qu'est-ce que vous ferez ce week-end ? – Nous irons à l'opéra.

2人称の単純未来は軽い命令をあらわすことがあります。

Tu finiras vite ce travail.　　Vous me téléphonerez ce soir.

2 動詞 voir, écrire の直説法現在形の活用

音声
117

voir		écrire	
je vois	nous voyons	j'écris	nous écrivons
tu vois	vous voyez	tu écris	vous écrivez
il / elle voit	ils / elles voient	il / elle écrit	ils / elles écrivent

On voit la tour Eiffel.　　J'ai vu Paul hier.

Il écrit une partition.　　Elle écrit souvent à ses parents.

Vocabulaire et Expressions

1 si を用いた表現「もし〜なら、…である」

音声
118

《si＋直説法現在，直説法現在または単純未来》で実際に起こりうる仮定をあらわします。

S'il fait beau demain, je vais à la mer.

Si vous voulez, on va aller au concert.

Si mes parents sont d'accord, j'irai à Paris cet été.

Si nous prenons un taxi, nous pourrons arriver plus vite.

2 国名と前置詞

音声
119

	行先・居場所	出発点・出身地	
女性名詞、母音始まりの男性名詞	en	de(d')	France Italie Angleterre Allemagne Espagne Chine Corée Iran
男性名詞	au	du	Japon Canada Brésil
複数名詞	aux	des	États-Unis
都市名	à	de(d')	Paris Osaka Vienne

Nous habitons en France.

Elle vient d'Italie.

Je veux aller au Japon, surtout à Kyoto.

Miko ne vient pas de France, mais elle vient du Japon.

Il travaille aux États-Unis.

3 交通手段

音声
120

またがる、自分の足を使うもの	à pied à vélo à moto
乗り込んで座る乗り物	en voiture en taxi en bus en métro en train en avion en bateau

Activités

ペアになり、次の質問に対して「両親が賛成なら、この夏は〜へ行きます」と答えるやりとりをしましょう。

[質問] Qu'est-ce que vous ferez pendant les vacances ?

1）フランス

2）韓国

3）アメリカ合衆国

4）あなたの行きたい国

1．単純未来の文に書きかえましょう。

1）Ken va en Italie en avion. ➡ _____

2）Je visite le musée Matisse. ➡ _____

3）Tu peux m'aider ? ➡ _____

4）Elle voit Sophie demain. ➡ _____

5）Il fait beau. ➡ _____

6）Nous nous parlons sur Zoom. ➡ _____

7）Je suis médecin. ➡ _____

8）Ils réussissent tous les deux. ➡ _____

2．フランス語にしましょう。

1）この週末は何をする？ ― 映画に行く。

➡ _____

2）もし明日お天気が悪ければ、タクシーに乗ります。

➡ _____

3．質問への返答の下線部を（　　　）の内容に変えましょう。

1）Vous venez d'où ? – Je viens <u>de France</u>.

（日本）_____　　（スペイン）_____

（韓国）_____　　（アメリカ合衆国）_____

2）Où habite-t-il ? – Il habite <u>en France</u>.

（イギリス）_____　　（カナダ）_____

（中国）_____　　（東京）_____

♪ **Dictée** ♪

音声を聞いて、聞き取った単語を書き入れましょう。　　🔽 音声 121

1）_____ _____ nos études _____ trois ans.

2）____ _____ ____ Canada, mais ___ _____ ____ États-Unis maintenant.

3）_____ - ____ _____ ____ _____ plus tard ? – ____ _____ footballeur !

Je te souhaite de bonnes vacances !

 Dialogue ♪

ミコは日本からポールにメールを書きました。

🔽 音声 122

Salut Paul !

　Je viens de recevoir le résultat négatif de l'audition. Tant pis pour moi ! À Osaka, je n'étais pas très en forme à cause du décalage horaire. Bon. Ça sera pour la prochaine fois.

　Demain je vais au Festival de musique à Nagano. Quand j'étais étudiante à Tokyo, j'y allais souvent pour écouter les concerts. Cette fois je suis une des musiciennes du festival. J'en suis heureuse !

　Je te souhaite de bonnes vacances et à bientôt à Paris !

Grosses bises.

Miko

1 半過去

音声
123

語尾はすべての動詞に共通です。

半過去の語尾			
je	-ais	nous	-ions
tu	-ais	vous	-iez
il / elle	-ait	ils / elles	-aient

語幹は直説法現在の1人称複数 nous の語幹（語尾 ons を除いた部分）と同じです。

parler ➡ nous parlons   finir ➡ nous finissons   faire ➡ nous faisons

avoir ➡ nous avons   aller ➡ nous allons

être は特別な語幹を用います。   être ➡ ét

parler	
je parlais	nous parlions
tu parlais	vous parliez
il / elle parlait	ils / elles parlaient

avoir	
j' avais	nous avions
tu avais	vous aviez
il / elle avait	ils / elles avaient

être	
j' étais	nous étions
tu étais	vous étiez
il / elle était	ils / elles étaient

faire	
je faisais	nous faisions
tu faisais	vous faisiez
il / elle faisait	ils / elles faisaient

　複合過去が完了した出来事や行為をあらわすのに対し、半過去は過去において継続していた状態や、未完了の出来事・行為をあらわします。

Je n'étais pas à Paris pendant les vacances.

Il faisait beau hier.

Quand il m'a téléphoné, je regardais la télévision.

過去において繰り返された行為や習慣をあらわすこともあります。

Dans mon enfance, j'allais souvent chez mes grands-parents à Chiba.

♪ Vocabulaire et Expressions ♪

1 quandを用いた表現「〜のとき」

音声
124

quandは疑問副詞として「いつ」を尋ねるほか、接続詞として同時性をあらわします。

Quand il fait beau, je me promène dans la forêt.

Quand elle était étudiante, elle allait souvent au concert.

Le train partait quand nous sommes arrivés à la gare.

2 さまざまな間投詞

音声
125

驚き、感動、腹立ち、安堵	Oh, là, là !　　　Tiens !　　　Merde !　　　Zut ! Ça alors.　　　Aïe !　　　Tant pis !　　　Tant mieux ! Ça y est !　　　Ouf !
かけ声、呼びかけ	Allez !　　　Chut !
相づち、話題の転換、 会話の留保、聞き返し	Ah Bon ?　　　Bof.　　　Bon　　　Eh bien. Euh...　　　Hein ?

3 親しい間柄での手紙やメールの書き出しと末尾のあいさつ

音声
126

Cher Paul / Chère Sophie　　　Bonjour Paul　　　Salut Paul

Mon cher Paul / Ma chère Sophie

Amicalement　　　Tendrement

Je t'embrasse　　　Bisous / Mille bisous

Grosses bises

♪ Activités ♪

ペアになって次の質問に以下のように答えましょう。

Il était comment, votre professeur au lycée ?

1）親切だった

2）厳しかった

3）感じがよかった

4）実際のあなたの先生の印象

1．半過去の文に書きかえましょう。

1）Elle est au Japon cet hiver. ➡ _____

2）Je ne suis pas timide. ➡ _____

3）Il fait très chaud. ➡ _____

4）Tu as peur ? ➡ _____

5）Les enfants dorment. ➡ _____

6）Nous allons au festival. ➡ _____

7）Tu ne sais pas ? ➡ _____

8）Vous prenez le train ? ➡ _____

2．日本語に合わせて（　　　）内の動詞を複合過去または半過去にしましょう。

1）電話が鳴ったとき、私は料理をしていました。

Quand le téléphone（① sonner）, je（② faire）la cuisine.

①_____ ②_____

2）彼女がホールに入ったとき、演奏家たちは舞台に出てくるところでした。

Quand elle（① entrer）dans la salle, les musiciens（② monter）sur la scène.

①_____ ②_____

3）子供のころ、毎年夏には私の家族は海に行ったものでした。

Quand j'（① être）petit, ma famille（② aller）à la mer chaque été.

①_____ ②_____

4）彼は2010年にフランスにやってきて、5年間パリに住んでいました。

Il（① arriver）en France en 2010, et il（② habiter）à Paris pendant cinq ans.

①_____ ②_____

5）あの人たち行ってしまったの？　やれやれだわ！　いつも言い争いばかりしていたもの。

Ils（① partir）? Tant mieux ! Ils（② se disputer）tout le temps.

①_____ ②_____

♪ **Dictée** ♪

音声を聞いて、聞き取った単語を書き入れましょう。　⬇ 音声 127

1）_____ ! _____ _____ à Osaka ? Je _____ _____ _____ .

2）Avant _____ ___ _____ personne à Paris.

3）_____ _____ souvent du temps _____ dans ce café.

71

補　遺

1 名詞・形容詞の特殊な複数形のまとめ

① -s, -x, -z　➡ 不変　　　　bus　prix　nez　gros　heureux

② -eu, -eau ➡ x をつける　cheveu ➡ cheveux　　beau ➡ beaux

③ -al　　　　➡ aux にする　journal ➡ journaux　général ➡ généraux

その他、特殊な名詞複数形をもつ語もあります。

　　œuil ➡ yeux

形容詞の女性形はすべて s をつけて複数形にします。

　　heureuse ➡ heureuses　　générale ➡ générales

2 形容詞の特殊な女性形のまとめ

① -f　　➡ ve　　　　　　　actif ➡ active

② -er　➡ ère　　　　　　　leger ➡ lgère

③ -eux ➡ -euse　　　　　　sérieux ➡ sérieuse

④ 子音を重ねて e をつける　ancien → ancienne　　naturel → naturelle

その他、特殊な女性形があります。

　　blanc ➡ blanche　　frais ➡ fraîche　　long ➡ longue

3 目的語人称代名詞の併用

① 肯定命令形をのぞき、A もしくは B の組み合わせが可能。

A　Vous me montrez cette partition. ➡ Vous me la montrez.

B　Paul donne ces livres à Miko.　　➡ Paul les lui donne.

② 肯定命令形では常に＜動詞＋直接目的語＋間接目的語＞の語順になります。

　　Montrez-moi cette partition. ➡ Montrez-la-moi.

　　Donnez ces livres à Miko.　➡ Donnez-les-lui.

4 関係代名詞

① qui　関係詞節において先行詞が主語であることをあらわします。

　　C'est un chanteur qui est très connu en France.

　　Tu peux prendre le sac qui est sur la table ?

② que 　関係詞節において先行詞が直接目的語であることをあらわします。

Je te présente le pianiste que j'ai rencontré hier.

J'aime beaucoup la robe que Miko porte sur la scène.

③ où 　関係詞節において先行詞が場所や時であることをあらわします。

Voici la maison où mes parents habitent.

C'est le jour où nous nous sommes rencontrés.

④ dont 　関係詞節において先行詞に de が伴われることをあらわします。

C'est la robe dont je t'ai parlé.

Voici la photo dont vous avez besoin.

5 条件法現在

語幹は直説法単純未来の語幹と同じ(13課参照)、語尾はすべての動詞に共通です。

条件法現在の語尾		parler	
je -rais	nous -rions	je parlerais	nous parlerions
tu -rais	vous -riez	tu parlerais	vous parleriez
il/elle -rait	ils/elles -raient	il/elle parlerait	ils/elles parleraient

a. 現在または未来の事実に反することをあらわします。＜si＋直説法半過去, 条件法現在＞の構文がよく用いられます。

Si j'étais riche, je ferais le tour du monde.

Sans votre aide, je ne pourrais pas participer au concours.

b. 婉曲や丁寧な表現として用いられます。

Je voudrais aller au concert avec toi.

Pourriez-vous m'appeler ce soir ?

6 接続法現在

語幹は基本的に直説法現在３人称複数 ils の語幹(-ent をのぞいた部分)と同じです。

parler ➡ ils parlent 　　finir ➡ ils finissent 　　partir ➡ ils partent

語尾は avoir と être をのぞくすべての動詞に共通です。

接続法現在の語尾		parler	
je -e	nous -ions	je parle	nous parlions
tu -es	vous -iez	tu parles	vous parliez
il/elle -e	ils/elles -ent	il/elle parle	ils/elles parlent

不規則動詞の語幹には多くの例外があります。

直説法現在の活用で３人称複数 ils と１人称複数 nous の語幹が異なる動詞は、接続法現在の語幹が２種類になり、接続法現在の活用の nous と vous は直説法現在 nous の語幹を用います。

prendre ➡ ils prennent / nous prenons　　venir ➡ ils viennent / nous venons

また、faire, pouvoir, savoir, aller, vouloir は特殊な語幹を用います。

faire ➡ fass-　　　　pouvoir ➡ puiss-　　　　savoir ➡ sach-
aller ➡ aill-/all-　　vouloir ➡ veuill-/voul-

prendre	
je prenne	**nous prenions**
tu prennes	**vous preniez**
il/elle prenne	ils/elles prennent

aller	
je aille	**nous allions**
tu ailles	**vous alliez**
il/elle aille	ils/elles aillent

avoir と être は例外的な活用になります。

avoir	
j'aie	nous ayons
tu aies	vous ayez
il/elle ait	ils/elles aient

être	
je sois	nous soyons
tu sois	vous soyez
il/elle soit	ils/elles soient

a.　主節が願望や意志などの感情をあらわすとき従属節において用います。

　　Je souhaite que tu sois heureuse.

　　Il faut que je finisse ce travail.

b.　目的や譲歩をあらわす接続詞句の後で用います。

　　Il parle fort pour que nous puissions entendre bien.

　　Elle regarde la télévision bien qu'elle ait sommeil.

c.　主節が否定文や疑問文になっていて従属節の内容が不確実なときに用います。

　　Je ne crois pas qu'elle soit malade.

d.　最上級やそれに類する表現の従属節において用います。

　　C'est la plus grande maison que je connaisse.

音楽用語のフランス語

楽譜　partition 女 / musique 女
五線　portée 女
五線紙　papier de musique 男
ド　do / ut 男
レ　ré 男
ミ　mi 男
ファ　fa 男
ソ　sol 男
ラ　la 男
シ　si 男
シャープ　dièse 男
フラット　bémol 男
ナチュラル　bécarre 男
ト音記号　clef de sol 女
ヘ音記号　clef de fa 女
4分の3拍子　trois quatre
8分の6拍子　six huit

全音符　ronde 女
2分音符　blanche 女
4分音符　noire 女
8分音符　croche 女
16分音符　double-croche 女
符点4分音符　noire pointée 女
3連符　triolet 男
全休符　pause 女
2分休符　demi-pause 女
4分休符　soupir 男
8分休符　demi-soupir 男
16分休符　quart de soupir 男

音符　note 女
拍　temps 男
和音　accord 男
リズム　rythme 男
小節、拍子　mesure 女
小節線　barre de musure 女
終止線　double barre 女
リピート(記号)　reprise 女
フェルマータ　point d'orgue 男
スタカート　détaché 男
アウフタクト　levé 男
運指法、指使い　doigté 男
音階　gamme 女
調性　tonalité 女
長調　majeur 男

短調　mineur 男
音程(の正しさ)　justesse 女 / intonation 女
強弱　nuance 女
音色　sonorité 女 / timbre 男
楽章　mouvement 男
室内楽(曲)　musique de chambre 女

演奏する　jouer / interpréter
譜読みをする　lire la partition
暗譜で　par cœur
初見で演奏する　déchiffrer
伴奏する　accompagner
チューニングする　accorder
ブレスを取る　respirer
スラー(タイ)で演奏する　lier
譜めくりをする　tourner la page
リハーサルをおこなう　répéter
演奏会を開く　donner un concert
指揮する　diriger

弓　archet 男
弦　corde 女
マウスピース　bec 男 / embouchure 女
リード　anche 女
鍵盤　clavier 男
グランドピアノ　piano à queue 男
アップライトピアノ　piano droit 男
ヴィオラ　alto 男
ホルン　cor 男
弦楽器　instrument à cordes 男
管楽器　instrument à vent 男
木管　bois 男 複
金管　cuivre(s) 男 複
譜面台、プルト　pupitre 男

コンサートホール　salle de concert 女
楽屋口　entrée des artistes 女
楽屋　loge 女
ステージ　scène 女
下手(しもて)　côté jardin 男
上手(かみて)　côté cour 男
舞台袖　coulisse 女
リハーサル　répétition 女
ゲネプロ　répétition générale 女
アンコール　bis 男

著者紹介
横川晶子（よこかわ・あきこ）
学習院大学、白百合女子大学他非常勤講師

野平多美（のだいら・たみ）
作曲家、音楽評論家。お茶の水女子大学非常勤講師

トゥタンサンブル

	2022 年 2 月 1 日　印刷
	2022 年 2 月 10 日　発行

著　者 ©	横　川　晶　子
	野　平　多　美
発行者	及　川　直　志
印刷所	株 式 会 社　三 秀 舎

発行所　101-0052 東京都千代田区神田小川町 3 の 24
電話 03-3291-7811（営業部），7821（編集部）　株式会社　白水社
www.hakusuisha.co.jp
乱丁・落丁本は送料小社負担にてお取り替えいたします。

振替 00190-5-33228　　Printed in Japan　　誠製本株式会社

ISBN 978-4-560-06145-9

重版にあたり，価格が変更になることがありますので，ご了承ください.

動 詞 活 用 表

不定法	直　　説　　法			

① avoir

現在分詞
ayant

過去分詞
eu [y]

現　在	半過去	単純過去	単純未来
j' **ai** [e]	j' **avais**	j' **eus** [y]	j' **aurai**
tu **as**	tu **avais**	tu **eus**	tu **auras**
il **a**	il **avait**	il **eut**	il **aura**
nous **avons**	nous **avions**	nous **eûmes**	nous **aurons**
vous **avez**	vous **aviez**	vous **eûtes**	vous **aurez**
ils **ont**	ils **avaient**	ils **eurent**	ils **auront**
複合過去	大過去	前過去	前未来
j' ai eu	j' avais eu	j' eus eu	j' aurai eu
tu as eu	tu avais eu	tu eus eu	tu auras eu
il a eu	il avait eu	il eut eu	il aura eu
nous avons eu	nous avions eu	nous eûmes eu	nous aurons eu
vous avez eu	vous aviez eu	vous eûtes eu	vous aurez eu
ils ont eu	ils avaient eu	ils eurent eu	ils auront eu

② être

現在分詞
étant

過去分詞
été

現　在	半過去	単純過去	単純未来
je **suis**	j' **étais**	je **fus**	je **serai**
tu **es**	tu **étais**	tu **fus**	tu **seras**
il **est**	il **était**	il **fut**	il **sera**
nous **sommes**	nous **étions**	nous **fûmes**	nous **serons**
vous **êtes**	vous **étiez**	vous **fûtes**	vous **serez**
ils **sont**	ils **étaient**	ils **furent**	ils **seront**
複合過去	大過去	前過去	前未来
j' ai été	j' avais été	j' eus été	j' aurai été
tu as été	tu avais été	tu eus été	tu auras été
il a été	il avait été	il eut été	il aura été
nous avons été	nous avions été	nous eûmes été	nous aurons été
vous avez été	vous aviez été	vous eûtes été	vous aurez été
ils ont été	ils avaient été	ils eurent été	ils auront été

③ aimer

現在分詞
aimant

過去分詞
aimé

第1群
規則動詞

現　在	半過去	単純過去	単純未来
j' **aime**	j' **aimais**	j' **aimai**	j' **aimerai**
tu **aimes**	tu **aimais**	tu **aimas**	tu **aimeras**
il **aime**	il **aimait**	il **aima**	il **aimera**
nous **aimons**	nous **aimions**	nous **aimâmes**	nous **aimerons**
vous **aimez**	vous **aimiez**	vous **aimâtes**	vous **aimerez**
ils **aiment**	ils **aimaient**	ils **aimèrent**	ils **aimeront**
複合過去	大過去	前過去	前未来
j' ai aimé	j' avais aimé	j' eus aimé	j' aurai aimé
tu as aimé	tu avais aimé	tu eus aimé	tu auras aimé
il a aimé	il avait aimé	il eut aimé	il aura aimé
nous avons aimé	nous avions aimé	nous eûmes aimé	nous aurons aimé
vous avez aimé	vous aviez aimé	vous eûtes aimé	vous aurez aimé
ils ont aimé	ils avaient aimé	ils eurent aimé	ils auront aimé

④ finir

現在分詞
finissant

過去分詞
fini

第2群
規則動詞

現　在	半過去	単純過去	単純未来
je **finis**	je **finissais**	je **finis**	je **finirai**
tu **finis**	tu **finissais**	tu **finis**	tu **finiras**
il **finit**	il **finissait**	il **finit**	il **finira**
nous **finissons**	nous **finissions**	nous **finîmes**	nous **finirons**
vous **finissez**	vous **finissiez**	vous **finîtes**	vous **finirez**
ils **finissent**	ils **finissaient**	ils **finirent**	ils **finiront**
複合過去	大過去	前過去	前未来
j' ai fini	j' avais fini	j' eus fini	j' aurai fini
tu as fini	tu avais fini	tu eus fini	tu auras fini
il a fini	il avait fini	il eut fini	il aura fini
nous avons fini	nous avions fini	nous eûmes fini	nous aurons fini
vous avez fini	vous aviez fini	vous eûtes fini	vous aurez fini
ils ont fini	ils avaient fini	ils eurent fini	ils auront fini

条 件 法	接 続 法		命 令 法
現 在	**現 在**	**半 過 去**	
j' aurais	j' aie [ɛ]	j' eusse	
tu aurais	tu aies	tu eusses	aie
il aurait	il ait	il eût	
nous aurions	nous ayons	nous eussions	ayons
vous auriez	vous ayez	vous eussiez	ayez
ils auraient	ils aient	ils eussent	
過 去	**過 去**	**大 過 去**	
j' aurais eu	j' aie eu	j' eusse eu	
tu aurais eu	tu aies eu	tu eusses eu	
il aurait eu	il ait eu	il eût eu	
nous aurions eu	nous ayons eu	nous eussions eu	
vous auriez eu	vous ayez eu	vous eussiez eu	
ils auraient eu	ils aient eu	ils eussent eu	
現 在	**現 在**	**半 過 去**	
je serais	je sois	je fusse	
tu serais	tu sois	tu fusses	sois
il serait	il soit	il fût	
nous serions	nous soyons	nous fussions	soyons
vous seriez	vous soyez	vous fussiez	soyez
ils seraient	ils soient	ils fussent	
過 去	**過 去**	**大 過 去**	
j' aurais été	j' aie été	j' eusse été	
tu aurais été	tu aies été	tu eusses été	
il aurait été	il ait été	il eût été	
nous aurions été	nous ayons été	nous eussions été	
vous auriez été	vous ayez été	vous eussiez été	
ils auraient été	ils aient été	ils eussent été	
現 在	**現 在**	**半 過 去**	
j' aimerais	j' aime	j' aimasse	
tu aimerais	tu aimes	tu aimasses	aime
il aimerait	il aime	il aimât	
nous aimerions	nous aimions	nous aimassions	aimons
vous aimeriez	vous aimiez	vous aimassiez	aimez
ils aimeraient	ils aiment	ils aimassent	
過 去	**過 去**	**大 過 去**	
j' aurais aimé	j' aie aimé	j' eusse aimé	
tu aurais aimé	tu aies aimé	tu eusses aimé	
il aurait aimé	il ait aimé	il eût aimé	
nous aurions aimé	nous ayons aimé	nous eussions aimé	
vous auriez aimé	vous ayez aimé	vous eussiez aimé	
ils auraient aimé	ils aient aimé	ils eussent aimé	
現 在	**現 在**	**半 過 去**	
je finirais	je finisse	je finisse	
tu finirais	tu finisses	tu finisses	finis
il finirait	il finisse	il finît	
nous finirions	nous finissions	nous finissions	finissons
vous finiriez	vous finissiez	vous finissiez	finissez
ils finiraient	ils finissent	ils finissent	
過 去	**過 去**	**大 過 去**	
j' aurais fini	j' aie fini	j' eusse fini	
tu aurais fini	tu aies fini	tu eusses fini	
il aurait fini	il ait fini	il eût fini	
nous aurions fini	nous ayons fini	nous eussions fini	
vous auriez fini	vous ayez fini	vous eussiez fini	
ils auraient fini	ils aient fini	ils eussent fini	

不定法 現在分詞 過去分詞	直　　説　　法			
	現　　在	半　過　去	単純過去	単純未来
⑤ **acheter** achetant acheté	j' achète tu achètes il achète n. achetons v. achetez ils achètent	j' achetais tu achetais il achetait n. achetions v. achetiez ils achetaient	j' achetai tu achetas il acheta n. achetâmes v. achetâtes ils achetèrent	j' achèterai tu achèteras il achètera n. achèterons v. achèterez ils achèteront
⑥ **aller** allant allé	je **vais** tu **vas** il **va** n. allons v. allez ils **vont**	j' allais tu allais il allait n. allions v. alliez ils allaient	j' allai tu allas il alla n. allâmes v. allâtes ils allèrent	j' irai tu iras il ira n. irons v. irez ils iront
⑦ **appeler** appelant appelé	j' appelle tu appelles il appelle n. appelons v. appelez ils appellent	j' appelais tu appelais il appelait n. appelions v. appeliez ils appelaient	j' appelai tu appelas il appela n. appelâmes v. appelâtes ils appelèrent	j' appellerai tu appelleras il appellera n. appellerons v. appellerez ils appelleront
⑧ **asseoir** asseyant (assoyant) assis	j' assieds [asje] tu assieds il assied n. asseyons v. asseyez ils asseyent - - - - - - - - j' assois tu assois il assoit n. assoyons v. assoyez ils assoient	j' asseyais tu asseyais il asseyait n. asseyions v. asseyiez ils asseyaient - - - - - - - - j' assoyais tu assoyais il assoyait n. assoyions v. assoyiez ils assoyaient	j' assis tu assis il assit n. assîmes v. assîtes ils assirent	j' assiérai tu assiéras il assiéra n. assiérons v. assiérez ils assiéront - - - - - - - - j' assoirai tu assoiras il assoira n. assoirons v. assoirez ils assoiront
⑨ **battre** battant battu	je bats tu bats il bat n. battons v. battez ils battent	je battais tu battais il battait n. battions v. battiez ils battaient	je battis tu battis il battit n. battîmes v. battîtes ils battirent	je battrai tu battras il battra n. battrons v. battrez ils battront
⑩ **boire** buvant bu	je bois tu bois il boit n. buvons v. buvez ils boivent	je buvais tu buvais il buvait n. buvions v. buviez ils buvaient	je bus tu bus il but n. bûmes v. bûtes ils burent	je boirai tu boiras il boira n. boirons v. boirez ils boiront
⑪ **conduire** conduisant conduit	je conduis tu conduis il conduit n. conduisons v. conduisez ils conduisent	je conduisais tu conduisais il conduisait n. conduisions v. conduisiez ils conduisaient	je conduisis tu conduisis il conduisit n. conduisîmes v. conduisîtes ils conduisirent	je conduirai tu conduiras il conduira n. conduirons v. conduirez ils conduiront

条件法	接続法		命令法	同型
現在	現在	半過去		
j' achèterais tu achèterais il achèterait n. achèterions v. achèteriez ils achèteraient	j' achète tu achètes il achète n. achetions v. achetiez ils achètent	j' achetasse tu achetasses il achetât n. achetassions v. achetassiez ils achetassent	achète achetons achetez	achever lever mener promener soulever
j' irais tu irais il irait n. irions v. iriez ils iraient	j' **aille** tu **ailles** il **aille** n. allions v. alliez ils **aillent**	j' allasse tu allasses il allât n. allassions v. allassiez ils allassent	**va** allons allez	
j' appellerais tu appellerais il appellerait n. appellerions v. appelleriez ils appelleraient	j' appelle tu appelles il appelle n. appelions v. appeliez ils appellent	j' appelasse tu appelasses il appelât n. appelassions v. appelassiez ils appelassent	appelle appelons appelez	jeter rappeler
j' assiérais tu assiérais il assiérait n. assiérions v. assiériez ils assiéraient	j' asseye [asɛj] tu asseyes il asseye n. asseyions v. asseyiez ils asseyent	j' assisse tu assisses il assît n. assissions v. assissiez ils assissent	assieds asseyons asseyez	囲 主として代名動詞s'asseoirで使われる.
j' assoirais tu assoirais il assoirait n. assoirions v. assoiriez ils assoiraient	j' assoie tu assoies il assoie n. assoyions v. assoyiez ils assoient		assois assoyons assoyez	
je battrais tu battrais il battrait n. battrions v. battriez ils battraient	je batte tu battes il batte n. battions v. battiez ils battent	je battisse tu battisses il battît n. battissions v. battissiez ils battissent	bats battons battez	abattre combattre
je boirais tu boirais il boirait n. boirions v. boiriez ils boiraient	je boive tu boives il boive n. buvions v. buviez ils boivent	je busse tu busses il bût n. bussions v. bussiez ils bussent	bois buvons buvez	
je conduirais tu conduirais il conduirait n. conduirions v. conduiriez ils conduiraient	je conduise tu conduises il conduise n. conduisions v. conduisiez ils conduisent	je conduisisse tu conduisisses il conduisît n. conduisissions v. conduisissiez ils conduisissent	conduis conduisons conduisez	construire détruire instruire introduire produire traduire

不定法 現在分詞 過去分詞	直　　説　　法			
	現　　在	半　過　去	単純過去	単純未来
⑫ **connaître** connaissant connu	je connais tu connais il connaît n. connaissons v. connaissez ils connaissent	je connaissais tu connaissais il connaissait n. connaissions v. connaissiez ils connaissaient	je connus tu connus il connut n. connûmes v. connûtes ils connurent	je connaîtrai tu connaîtras il connaîtra n. connaîtrons v. connaîtrez ils connaîtront
⑬ **courir** courant couru	je cours tu cours il court n. courons v. courez ils courent	je courais tu courais il courait n. courions v. couriez ils couraient	je courus tu courus il courut n. courûmes v. courûtes ils coururent	je courrai tu courras il courra n. courrons v. courrez ils courront
⑭ **craindre** craignant craint	je crains tu crains il craint n. craignons v. craignez ils craignent	je craignais tu craignais il craignait n. craignions v. craigniez ils craignaient	je craignis tu craignis il craignit n. craignîmes v. craignîtes ils craignirent	je craindrai tu craindras il craindra n. craindrons v. craindrez ils craindront
⑮ **croire** croyant cru	je crois tu crois il croit n. croyons v. croyez ils croient	je croyais tu croyais il croyait n. croyions v. croyiez ils croyaient	je crus tu crus il crut n. crûmes v. crûtes ils crurent	je croirai tu croiras il croira n. croirons v. croirez ils croiront
⑯ **devoir** devant dû, due, dus, dues	je dois tu dois il doit n. devons v. devez ils doivent	je devais tu devais il devait n. devions v. deviez ils devaient	je dus tu dus il dut n. dûmes v. dûtes ils durent	je devrai tu devras il devra n. devrons v. devrez ils devront
⑰ **dire** disant dit	je dis tu dis il dit n. disons v. **dites** ils disent	je disais tu disais il disait n. disions v. disiez ils disaient	je dis tu dis il dit n. dîmes v. dîtes ils dirent	je dirai tu diras il dira n. dirons v. direz ils diront
⑱ **écrire** écrivant écrit	j' écris tu écris il écrit n. écrivons v. écrivez ils écrivent	j' écrivais tu écrivais il écrivait n. écrivions v. écriviez ils écrivaient	j' écrivis tu écrivis il écrivit n. écrivîmes v. écrivîtes ils écrivirent	j' écrirai tu écriras il écrira n. écrirons v. écrirez ils écriront
⑲ **employer** employant employé	j' emploie tu emploies il emploie n. employons v. employez ils emploient	j' employais tu employais il employait n. employions v. employiez ils employaient	j' employai tu employas il employa n. employâmes v. employâtes ils employèrent	j' emploierai tu emploieras il emploiera n. emploierons v. emploierez ils emploieront

条 件 法	接 続 法		命 令 法	同 型
現　　　在	現　　　在	半 過 去		
je connaîtrais tu connaîtrais il connaîtrait n. connaîtrions v. connaîtriez ils connaîtraient	je connaisse tu connaisses il connaisse n. connaissions v. connaissiez ils connaissent	je connusse tu connusses il connût n. connussions v. connussiez ils connussent	connais connaissons connaissez	apparaître disparaître paraître reconnaître
je courrais tu courrais il courrait n. courrions v. courriez ils courraient	je coure tu coures il coure n. courions v. couriez ils courent	je courusse tu courusses il courût n. courussions v. courussiez ils courussent	cours courons courez	accourir parcourir
je craindrais tu craindrais il craindrait n. craindrions v. craindriez ils craindraient	je craigne tu craignes il craigne n. craignions v. craigniez ils craignent	je craignisse tu craignisses il craignît n. craignissions v. craignissiez ils craignissent	crains craignons craignez	atteindre éteindre joindre peindre plaindre
je croirais tu croirais il croirait n. croirions v. croiriez ils croiraient	je croie tu croies il croie n. croyions v. croyiez ils croient	je crusse tu crusses il crût n. crussions v. crussiez ils crussent	crois croyons croyez	
je devrais tu devrais il devrait n. devrions v. devriez ils devraient	je doive tu doives il doive n. devions v. deviez ils doivent	je dusse tu dusses il dût n. dussions v. dussiez ils dussent		
je dirais tu dirais il dirait n. dirions v. diriez ils diraient	je dise tu dises il dise n. disions v. disiez ils disent	je disse tu disses il dît n. dissions v. dissiez ils dissent	dis disons dites	
j' écrirais tu écrirais il écrirait n. écririons v. écririez ils écriraient	j' écrive tu écrives il écrive n. écrivions v. écriviez ils écrivent	j' écrivisse tu écrivisses il écrivît n. écrivissions v. écrivissiez ils écrivissent	écris écrivons écrivez	décrire inscrire
j' emploierais tu emploierais il emploierait n. emploierions v. emploieriez ils emploieraient	j' emploie tu emploies il emploie n. employions v. employiez ils emploient	j' employasse tu employasses il employât n. employassions v. employassiez ils employassent	emploie employons employez	aboyer nettoyer noyer tutoyer

不定法 現在分詞 過去分詞	直　説　法			
	現　　在	半 過 去	単 純 過 去	単 純 未 来
⑳ **envoyer** envoyant envoyé	j' envoie tu envoies il envoie n. envoyons v. envoyez ils envoient	j' envoyais tu envoyais il envoyait n. envoyions v. envoyiez ils envoyaient	j' envoyai tu envoyas il envoya n. envoyâmes v. envoyâtes ils envoyèrent	j' enverrai tu enverras il enverra n. enverrons v. enverrez ils enverront
㉑ **faire** faisant [fəzɑ̃] fait	je fais [fɛ] tu fais il fait n. faisons [fəzɔ̃] v. fai**tes** [fɛt] ils **font**	je faisais [fəzɛ] tu faisais il faisait n. faisions v. faisiez ils faisaient	je fis tu fis il fit n. fîmes v. fîtes ils firent	je ferai tu feras il fera n. ferons v. ferez ils feront
㉒ **falloir** — fallu	il faut	il fallait	il fallut	il faudra
㉓ **fuir** fuyant fui	je fuis tu fuis il fuit n. fuyons v. fuyez ils fuient	je fuyais tu fuyais il fuyait n. fuyions v. fuyiez ils fuyaient	je fuis tu fuis il fuit n. fuîmes v. fuîtes ils fuirent	je fuirai tu fuiras il fuira n. fuirons v. fuirez ils fuiront
㉔ **lire** lisant lu	je lis tu lis il lit n. lisons v. lisez ils lisent	je lisais tu lisais il lisait n. lisions v. lisiez ils lisaient	je lus tu lus il lut n. lûmes v. lûtes ils lurent	je lirai tu liras il lira n. lirons v. lirez ils liront
㉕ **manger** mang**e**ant mangé	je mange tu manges il mange n. mang**e**ons v. mangez ils mangent	je mangeais tu mangeais il mangeait n. mangions v. mangiez ils mangeaient	je mangeai tu mangeas il mangea n. mangeâmes v. mangeâtes ils mangèrent	je mangerai tu mangeras il mangera n. mangerons v. mangerez ils mangeront
㉖ **mettre** mettant mis	je mets tu mets il met n. mettons v. mettez ils mettent	je mettais tu mettais il mettait n. mettions v. mettiez ils mettaient	je mis tu mis il mit n. mîmes v. mîtes ils mirent	je mettrai tu mettras il mettra n. mettrons v. mettrez ils mettront
㉗ **mourir** mourant mort	je meurs tu meurs il meurt n. mourons v. mourez ils meurent	je mourais tu mourais il mourait n. mourions v. mouriez ils mouraient	je mourus tu mourus il mourut n. mourûmes v. mourûtes ils moururent	je mourrai tu mourras il mourra n. mourrons v. mourrez ils mourront

条 件 法	接 続 法		命 令 法	同 型
現 在	現 在	半 過 去		
j' enverrais tu enverrais il enverrait n. enverrions v. enverriez ils enverraient	j' envoie tu envoies il envoie n. envoyions v. envoyiez ils envoient	j' envoyasse tu envoyasses il envoyât n. envoyassions v. envoyassiez ils envoyassent	envoie envoyons envoyez	renvoyer
je ferais tu ferais il ferait n. ferions v. feriez ils feraient	je fasse tu fasses il fasse n. fassions v. fassiez ils fassent	je fisse tu fisses il fît n. fissions v. fissiez ils fissent	fais faisons faites	défaire refaire satisfaire
il faudrait	il faille	il fallût		
je fuirais tu fuirais il fuirait n. fuirions v. fuiriez ils fuiraient	je fuie tu fuies il fuie n. fuyions v. fuyiez ils fuient	je fuisse tu fuisses il fuît n. fuissions v. fuissiez ils fuissent	fuis fuyons fuyez	s'enfuir
je lirais tu lirais il lirait n. lirions v. liriez ils liraient	je lise tu lises il lise n. lisions v. lisiez ils lisent	je lusse tu lusses il lût n. lussions v. lussiez ils lussent	lis lisons lisez	élire relire
je mangerais tu mangerais il mangerait n. mangerions v. mangeriez ils mangeraient	je mange tu manges il mange n. mangions v. mangiez ils mangent	je mangeasse tu mangeasses il mangeât n. mangeassions v. mangeassiez ils mangeassent	mange mangeons mangez	changer déranger nager obliger partager voyager
je mettrais tu mettrais il mettrait n. mettrions v. mettriez ils mettraient	je mette tu mettes il mette n. mettions v. mettiez ils mettent	je misse tu misses il mît n. missions v. missiez ils missent	mets mettons mettez	admettre commettre permettre promettre remettre
je mourrais tu mourrais il mourrait n. mourrions v. mourriez ils mourraient	je meure tu meures il meure n. mourions v. mouriez ils meurent	je mourusse tu mourusses il mourût n. mourussions v. mourussiez ils mourussent	meurs mourons mourez	

不定法 現在分詞 過去分詞	直　　説　　法			
	現　　在	半　過　去	単純過去	単純未来
㉘ **naître** naissant né	je nais tu nais il naît n. naissons v. naissez ils naissent	je naissais tu naissais il naissait n. naissions v. naissiez ils naissaient	je naquis tu naquis il naquit n. naquîmes v. naquîtes ils naquirent	je naîtrai tu naîtras il naîtra n. naîtrons v. naîtrez ils naîtront
㉙ **ouvrir** ouvrant ouvert	j' ouvre tu ouvres il ouvre n. ouvrons v. ouvrez ils ouvrent	j' ouvrais tu ouvrais il ouvrait n. ouvrions v. ouvriez ils ouvraient	j' ouvris tu ouvris il ouvrit n. ouvrîmes v. ouvrîtes ils ouvrirent	j' ouvrirai tu ouvriras il ouvrira n. ouvrirons v. ouvrirez ils ouvriront
㉚ **partir** partant parti	je pars tu pars il part n. partons v. partez ils partent	je partais tu partais il partait n. partions v. partiez ils partaient	je partis tu partis il partit n. partîmes v. partîtes ils partirent	je partirai tu partiras il partira n. partirons v. partirez ils partiront
㉛ **payer** payant payé	je paie [pɛ] tu paies il paie n. payons v. payez ils paient - - - - - - - - - - - je paye [pɛj] tu payes il paye n. payons v. payez ils payent	je payais tu payais il payait n. payions v. payiez ils payaient	je payai tu payas il paya n. payâmes v. payâtes ils payèrent	je paierai tu paieras il paiera n. paierons v. paierez ils paieront - - - - - - - - - - - je payerai tu payeras il payera n. payerons v. payerez ils payeront
㉜ **placer** plaçant placé	je place tu places il place n. plaçons v. placez ils placent	je plaçais tu plaçais il plaçait n. placions v. placiez ils plaçaient	je plaçai tu plaças il plaça n. plaçâmes v. plaçâtes ils placèrent	je placerai tu placeras il placera n. placerons v. placerez ils placeront
㉝ **plaire** plaisant plu	je plais tu plais il plaît n. plaisons v. plaisez ils plaisent	je plaisais tu plaisais il plaisait n. plaisions v. plaisiez ils plaisaient	je plus tu plus il plut n. plûmes v. plûtes ils plurent	je plairai tu plairas il plaira n. plairons v. plairez ils plairont
㉞ **pleuvoir** pleuvant plu	il pleut	il pleuvait	il plut	il pleuvra

条件法	接続法		命令法	同　型
現　在	現　在	半　過　去		
je naîtrais tu naîtrais il naîtrait n. naîtrions v. naîtriez ils naîtraient	je naisse tu naisses il naisse n. naissions v. naissiez ils naissent	je naquisse tu naquisses il naquît n. naquissions v. naquissiez ils naquissent	nais naissons naissez	
j' ouvrirais tu ouvrirais il ouvrirait n. ouvririons v. ouvririez ils ouvriraient	j' ouvre tu ouvres il ouvre n. ouvrions v. ouvriez ils ouvrent	j' ouvrisse tu ouvrisses il ouvrît n. ouvrissions v. ouvrissiez ils ouvrissent	ouvre ouvrons ouvrez	couvrir découvrir offrir souffrir
je partirais tu partirais il partirait n. partirions v. partiriez ils partiraient	je parte tu partes il parte n. partions v. partiez ils partent	je partisse tu partisses il partît n. partissions v. partissiez ils partissent	pars partons partez	dormir ressortir sentir servir sortir
je paierais tu paierais il paierait n. paierions v. paieriez ils paieraient	je paie tu paies il paie n. payions v. payiez ils paient	je payasse tu payasses il payât n. payassions v. payassiez ils payassent	paie payons payez	effrayer essayer
je payerais tu payerais il payerait n. payerions v. payeriez ils payeraient	je paye tu payes il paye n. payions v. payiez ils payent		paye payons payez	
je placerais tu placerais il placerait n. placerions v. placeriez ils placeraient	je place tu places il place n. placions v. placiez ils placent	je plaçasse tu plaçasses il plaçât n. plaçassions v. plaçassiez ils plaçassent	place plaçons placez	annoncer avancer commencer forcer lancer prononcer
je plairais tu plairais il plairait n. plairions v. plairiez ils plairaient	je plaise tu plaises il plaise n. plaisions v. plaisiez ils plaisent	je plusse tu plusses il plût n. plussions v. plussiez ils plussent	plais plaisons plaisez	complaire déplaire (se) taire 注 過去分詞 plu は不変
il pleuvrait	il pleuve	il plût		

不定法 現在分詞 過去分詞	直　　説　　法			
	現　　在	半　過　去	単純過去	単純未来
㉟ **pouvoir** pouvant pu	je peux (puis) tu peux il peut n. pouvons v. pouvez ils peuvent	je pouvais tu pouvais il pouvait n. pouvions v. pouviez ils pouvaient	je pus tu pus il put n. pûmes v. pûtes ils purent	je pourrai tu pourras il pourra n. pourrons v. pourrez ils pourront
㊱ **préférer** préférant préféré	je préfère tu préfères il préfère n. préférons v. préférez ils préfèrent	je préférais tu préférais il préférait n. préférions v. préfériez ils préféraient	je préférai tu préféras il préféra n. préférâmes v. préférâtes ils préférèrent	je préférerai tu préféreras il préférera n. préférerons v. préférerez ils préféreront
㊲ **prendre** prenant pris	je prends tu prends il prend n. prenons v. prenez ils prennent	je prenais tu prenais il prenait n. prenions v. preniez ils prenaient	je pris tu pris il prit n. prîmes v. prîtes ils prirent	je prendrai tu prendras il prendra n. prendrons v. prendrez ils prendront
㊳ **recevoir** recevant reçu	je reçois tu reçois il reçoit n. recevons v. recevez ils reçoivent	je recevais tu recevais il recevait n. recevions v. receviez ils recevaient	je reçus tu reçus il reçut n. reçûmes v. reçûtes ils reçurent	je recevrai tu recevras il recevra n. recevrons v. recevrez ils recevront
㊴ **rendre** rendant rendu	je rends tu rends il rend n. rendons v. rendez ils rendent	je rendais tu rendais il rendait n. rendions v. rendiez ils rendaient	je rendis tu rendis il rendit n. rendîmes v. rendîtes ils rendirent	je rendrai tu rendras il rendra n. rendrons v. rendrez ils rendront
㊵ **résoudre** résolvant résolu	je résous tu résous il résout n. résolvons v. résolvez ils résolvent	je résolvais tu résolvais il résolvait n. résolvions v. résolviez ils résolvaient	je résolus tu résolus il résolut n. résolûmes v. résolûtes ils résolurent	je résoudrai tu résoudras il résoudra n. résoudrons v. résoudrez ils résoudront
㊶ **rire** riant ri	je ris tu ris il rit n. rions v. riez ils rient	je riais tu riais il riait n. riions v. riiez ils riaient	je ris tu ris il rit n. rîmes v. rîtes ils rirent	je rirai tu riras il rira n. rirons v. rirez ils riront
㊷ **savoir** sachant su	je sais tu sais il sait n. savons v. savez ils savent	je savais tu savais il savait n. savions v. saviez ils savaient	je sus tu sus il sut n. sûmes v. sûtes ils surent	je saurai tu sauras il saura n. saurons v. saurez ils sauront

条件法	接続法		命令法	同型
現在	現在	半過去		
je pourrais tu pourrais il pourrait n. pourrions v. pourriez ils pourraient	je puisse tu puisses il puisse n. puissions v. puissiez ils puissent	je pusse tu pusses il pût n. pussions v. pussiez ils pussent		
je préférerais tu préférerais il préférerait n. préférerions v. préféreriez ils préféreraient	je préfère tu préfères il préfère n. préférions v. préfériez ils préfèrent	je préférasse tu préférasses il préférât n. préférassions v. préférassiez ils préférassent	préfère préférons préférez	céder considérer espérer pénétrer posséder répéter
je prendrais tu prendrais il prendrait n. prendrions v. prendriez ils prendraient	je prenne tu prennes il prenne n. prenions v. preniez ils prennent	je prisse tu prisses il prît n. prissions v. prissiez ils prissent	prends prenons prenez	apprendre comprendre entreprendre reprendre surprendre
je recevrais tu recevrais il recevrait n. recevrions v. recevriez ils recevraient	je reçoive tu reçoives il reçoive n. recevions v. receviez ils reçoivent	je reçusse tu reçusses il reçût n. reçussions v. reçussiez ils reçussent	reçois recevons recevez	apercevoir concevoir décevoir
je rendrais tu rendrais il rendrait n. rendrions v. rendriez ils rendraient	je rende tu rendes il rende n. rendions v. rendiez ils rendent	je rendisse tu rendisses il rendît n. rendissions v. rendissiez ils rendissent	rends rendons rendez	attendre descendre entendre perdre répondre vendre
je résoudrais tu résoudrais il résoudrait n. résoudrions v. résoudriez ils résoudraient	je résolve tu résolves il résolve n. résolvions v. résolviez ils résolvent	je résolusse tu résolusses il résolût n. résolussions v. résolussiez ils résolussent	résous résolvons résolvez	
je rirais tu rirais il rirait n. ririons v. ririez ils riraient	je rie tu ries il rie n. riions v. riiez ils rient	je risse tu risses il rît n. rissions v. rissiez ils rissent	ris rions riez	sourire 注 過去分詞 ri は不変
je saurais tu saurais il saurait n. saurions v. sauriez ils sauraient	je sache tu saches il sache n. sachions v. sachiez ils sachent	je susse tu susses il sût n. sussions v. sussiez ils sussent	sache sachons sachez	

不定法 現在分詞 過去分詞	直　説　法			
	現　在	半　過　去	単純過去	単純未来
㊸ **suffire** suffisant suffi	je suffis tu suffis il suffit n. suffisons v. suffisez ils suffisent	je suffisais tu suffisais il suffisait n. suffisions v. suffisiez ils suffisaient	je suffis tu suffis il suffit n. suffîmes v. suffîtes ils suffirent	je suffirai tu suffiras il suffira n. suffirons v. suffirez ils suffiront
㊹ **suivre** suivant suivi	je suis tu suis il suit n. suivons v. suivez ils suivent	je suivais tu suivais il suivait n. suivions v. suiviez ils suivaient	je suivis tu suivis il suivit n. suivîmes v. suivîtes ils suivirent	je suivrai tu suivras il suivra n. suivrons v. suivrez ils suivront
㊺ **vaincre** vainquant vaincu	je vaincs tu vaincs il vainc n. vainquons v. vainquez ils vainquent	je vainquais tu vainquais il vainquait n. vainquions v. vainquiez ils vainquaient	je vainquis tu vainquis il vainquit n. vainquîmes v. vainquîtes ils vainquirent	je vaincrai tu vaincras il vaincra n. vaincrons v. vaincrez ils vaincront
㊻ **valoir** valant valu	je vaux tu vaux il vaut n. valons v. valez ils valent	je valais tu valais il valait n. valions v. valiez ils valaient	je valus tu valus il valut n. valûmes v. valûtes ils valurent	je vaudrai tu vaudras il vaudra n. vaudrons v. vaudrez ils vaudront
㊼ **venir** venant venu	je viens tu viens il vient n. venons v. venez ils viennent	je venais tu venais il venait n. venions v. veniez ils venaient	je vins tu vins il vint n. vînmes v. vîntes ils vinrent	je viendrai tu viendras il viendra n. viendrons v. viendrez ils viendront
㊽ **vivre** vivant vécu	je vis tu vis il vit n. vivons v. vivez ils vivent	je vivais tu vivais il vivait n. vivions v. viviez ils vivaient	je vécus tu vécus il vécut n. vécûmes v. vécûtes ils vécurent	je vivrai tu vivras il vivra n. vivrons v. vivrez ils vivront
㊾ **voir** voyant vu	je vois tu vois il voit n. voyons v. voyez ils voient	je voyais tu voyais il voyait n. voyions v. voyiez ils voyaient	je vis tu vis il vit n. vîmes v. vîtes ils virent	je verrai tu verras il verra n. verrons v. verrez ils verront
㊿ **vouloir** voulant voulu	je veux tu veux il veut n. voulons v. voulez ils veulent	je voulais tu voulais il voulait n. voulions v. vouliez ils voulaient	je voulus tu voulus il voulut n. voulûmes v. voulûtes ils voulurent	je voudrai tu voudras il voudra n. voudrons v. voudrez ils voudront

条 件 法	接 続 法		命 令 法	同 型
現　　在	現　　在	半 過 去		
je suffirais tu suffirais il suffirait n. suffirions v. suffiriez ils suffiraient	je suffise tu suffises il suffise n. suffisions v. suffisiez ils suffisent	je suffisse tu suffisses il suffît n. suffissions v. suffissiez ils suffissent	suffis suffisons suffisez	囲 過去分詞 suffi は不変
je suivrais tu suivrais il suivrait n. suivrions v. suivriez ils suivraient	je suive tu suives il suive n. suivions v. suiviez ils suivent	je suivisse tu suivisses il suivît n. suivissions v. suivissiez ils suivissent	suis suivons suivez	poursuivre
je vaincrais tu vaincrais il vaincrait n. vaincrions v. vaincriez ils vaincraient	je vainque tu vainques il vainque n. vainquions v. vainquiez ils vainquent	je vainquisse tu vainquisses il vainquît n. vainquissions v. vainquissiez ils vainquissent	vaincs vainquons vainquez	convaincre
je vaudrais tu vaudrais il vaudrait n. vaudrions v. vaudriez ils vaudraient	je vaille tu vailles il vaille n. valions v. valiez ils vaillent	je valusse tu valusses il valût n. valussions v. valussiez ils valussent		
je viendrais tu viendrais il viendrait n. viendrions v. viendriez ils viendraient	je vienne tu viennes il vienne n. venions v. veniez ils viennent	je vinsse tu vinsses il vînt n. vinssions v. vinssiez ils vinssent	viens venons venez	appartenir devenir obtenir revenir (se) souvenir tenir
je vivrais tu vivrais il vivrait n. vivrions v. vivriez ils vivraient	je vive tu vives il vive n. vivions v. viviez ils vivent	je vécusse tu vécusses il vécût n. vécussions v. vécussiez ils vécussent	vis vivons vivez	survivre
je verrais tu verrais il verrait n. verrions v. verriez ils verraient	je voie tu voies il voie n. voyions v. voyiez ils voient	je visse tu visses il vît n. vissions v. vissiez ils vissent	vois voyons voyez	entrevoir revoir
je voudrais tu voudrais il voudrait n. voudrions v. voudriez ils voudraient	je veuille tu veuilles il veuille n. voulions v. vouliez ils veuillent	je voulusse tu voulusses il voulût n. voulussions v. voulussiez ils voulussent	veuille veuillons veuillez	

◆ 動詞変化に関する注意

不 定 法
-er
-ir
-re
-oir

現在分詞
-ant

	直説法現在		直・半過去	直・単純未来	条・現在
je	**-e**	**-s**	**-ais**	**-rai**	**-rais**
tu	**-es**	**-s**	**-ais**	**-ras**	**-rais**
il	**-e**	**-t**	**-ait**	**-ra**	**-rait**
nous	**-ons**		**-ions**	**-rons**	**-rions**
vous	**-ez**		**-iez**	**-rez**	**-riez**
ils	**-ent**		**-aient**	**-ront**	**-raient**

	直・単純過去			接・現在	接・半過去	命 令 法	
je	**-ai**	**-is**	**-us**	**-e**	**-sse**		
tu	**-as**	**-is**	**-us**	**-es**	**-sses**	**-e**	**-s**
il	**-a**	**-it**	**-ut**	**-e**	**-ˆt**		
nous	**-âmes**	**-îmes**	**-ûmes**	**-ions**	**-ssions**	**-ons**	
vous	**-âtes**	**-îtes**	**-ûtes**	**-iez**	**-ssiez**	**-ez**	
ils	**-èrent**	**-irent**	**-urent**	**-ent**	**-ssent**		

〔複合時制〕

直　説　法	条　件　法
複合過去（助動詞の直・現在＋過去分詞）	過　去（助動詞の条・現在＋過去分詞）
大 過 去（助動詞の直・半過去＋過去分詞）	接　続　法
前 過 去（助動詞の直・単純過去＋過去分詞）	過　去（助動詞の接・現在＋過去分詞）
前 未 来（助動詞の直・単純未来＋過去分詞）	大過去（助動詞の接・半過去＋過去分詞）

* **現在分詞**は，通常，直説法・現在 1 人称複数の語尾 -ons を -ant に変えて作ることができる. (nous connaissons → connaissant)
* **直説法・半過去**の 1 人称単数は，通常，直説法・現在 1 人称複数の語尾 -ons を -ais に変えて作ることができる. (nous buvons → je buvais)
* **直説法・単純未来**と**条件法・現在**は，通常，不定法から作ることができる.
  （単純未来： aimer → j'aimerai　　finir → je finirai　　écrire → j'écrirai）
  　　ただし，-oir 型動詞の語幹は不規則. (pouvoir → je pourrai　　savoir → je saurai)
* **接続法・現在**の 1 人称単数は，通常，直説法・現在 3 人称複数の語尾 -ent を -e に変えて作ることができる. (ils finissent → je finisse)
* **命令法**は，直説法・現在の 2 人称単数，1 人称複数，2 人称複数から，それぞれの主語 tu, nous, vous を取って作ることができる.（ただし，tu -es → -e　　tu vas → va）
  　　avoir, être, savoir, vouloir の命令法は接続法・現在から作る.